누구나 JAPANESE 800

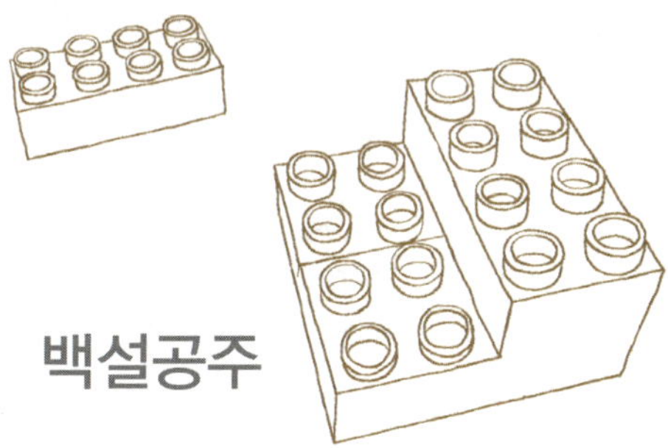

白雪姫

백설공주

JAPANESE BLOCK 800-SNOW WHITE

누구나 JAPANESE 800

백설공주

초판 1쇄 발행 2017년 12월 20일

기획 및 개발 배이직 BaEsic Contents House
발행인 이재명
발행처 삼지사
디자인 배이직

출판사 등록일 1968년 11월 18일
등록번호 제 406-2011-000021호
주소 경기도 파주시 산남로 47-10
Tel. 031) 948-4502 Fax. 031) 948-4508
홈페이지 www.samjisa.com

ISBN 978-89-7358-519-9 18730

정가는 표지 뒷면에 있습니다.

「이 도서의 국립중앙도서관 출판시도서목록(CIP)은 서지정보유통지원시스템 홈페이지(http://seoji.nl.go.kr)와 국가자료공동목록시스템(http://www.nl.go.kr/kolisnet)에서 이용하실 수 있습니다.(CIP제어번호: CIP2017030320)」

누구나 JAPANESE 800

백설공주 편

SAMJI BOOKS

머리말

누구나 JAPANESE 800은 누구나 다 아는 이야기를 누구에게나 필요한 800 문장으로 누구의 머릿 속에도 쏙쏙 들어오도록 만든 **800 장면 일본어 스토리 북** 입니다.

보통 외국어 공부라고 하면 떠오르는 것은 단어 외우고, 문법 익히고, 각종 문장 패턴을 연습하고 그리고 함정을 피하거나 독해의 정확성을 높이는 기술까지도 터득해야 한다는 것들입니다.

물론 각종의 시험에서 좋은 점수를 받기 위해선 응당 그래야 할 지도 모릅니다. 그런데 그렇게 해도 막상 머리에는 외국어 지식은 별로 남아 있지 않는 것이 현실입니다. 더욱이 이런 공부는 꽤 많은 인내심과 노력을 요구하기도 합니다.

높은 점수를 얻기 위함이 아니라면 외국어 공부는 가능한한 쉽고 재미있게 하는 것이 좋습니다. 그리고 자기가 이미 알고 있는 여러 지식들을 활용하면 그렇게 피나는 노력을 기울이지 않더라도 기본적인 실제 활용을 위한 외국어 정도는 그리 어렵지 않습니다.

누구나 JAPANESE 800은 이런 용도로 만들어진 책입니다. 그리고 **누구나 JAPANESE 800**의 영어 제목은 **JAPANESE BLOCK 800**입니다. 만화 보듯이 한 장면 한 장면 넘기다 보면 마치 블록이 하나 둘 씩 쌓아지면서 끝내는 멋진 구조믈이 만들어 지는 것 처럼 여러분의 머릿 속에 그럴듯한 일본어라는 건물이 한 채, 두채씩 모습을 갖출 것입니다.

부디 쉽고도 빨리 여러분께 일본어가 자리잡을 수 있기를 바랍니다.

이 책의 사용법

- □ **일본어를 몰라도 스토리는 압니다.**
- □ **기본적인 단어와 문장으로만 구성되어 있습니다.**
- □ **보고 읽다보면 저절로 머리속에 표현이 들어옵니다.**

다음 순서 대로 이 책을 읽어 나가면 훨씬 효과적일 것입니다. 그러나 각자의 상황과 내키는 마음대로 읽어 나가도 무방합니다.

1. **처음 읽을 때** : MP3 파일을 들으면서 한 장면 씩 눈으로 읽어 나갑니다. 오디오를 들을 수 없다면 그냥 눈으로 쑥 훑어 보는 것도 좋습니다.
2. **두번째 읽을 때** : 페이지 하단의 해석과 비교하면서 각 장면의 문장들을 읽어 나갑니다. 혼잣말로 일본어 문장을 따라 읽어도 좋습니다.
3. **세번째로 읽을 때** : 가능하면 해석을 보지 않고 일본어를 읽습니다.
4. **네번째로 읽을 때** : 굳이 책을 보지 않아도 괜찮으며 오디오를 들으면서 각 장면의 컷과 우리말 내용을 떠 올려 보십시오.
5. **그 다음으로** : 오디오을 들으면서 일본어 문장을 써 보십시오. 이 과정은 예를 들어 프라모델을 완성하고 디오라마 만들며 각종 색을 입히는 것과 같이 작문은 물론 지금 껏 보아 온 **누구나 JAPANESE 800의 모든 내용을 몸에 각인시키는 것입니다.**
6. **영어는 덤!** : **일본어와 영어를 한꺼번에 익힐 수 있도록 영어 본문을 병기하였습니다.**

자! 그럼 다음장부터 이미 다 알고 있는 백설공주의 이야기가 시작됩니다.

누구나
JAPANESE
800

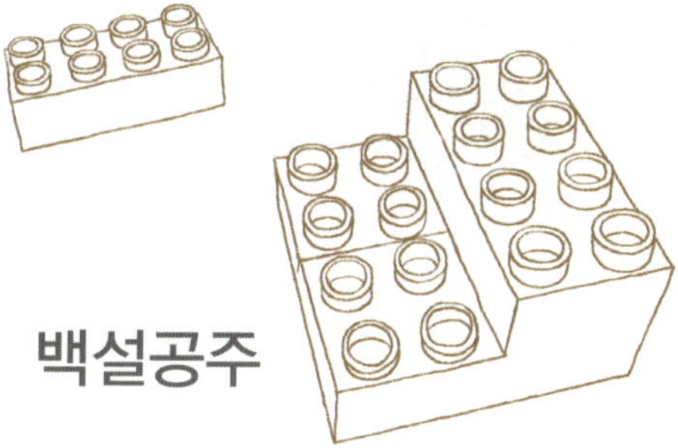

白雪姬

백설공주

001

私の父は王様でした。
와타시노 치치와 오오사마데시타
My father was King.

002

すべての人たちはその王様が好きでした。
스베테노 히토타치와 소노 오오사마가 스키데시타
Everyone loved the King.

003

私の母は王妃でした。
와타시노 하하와 오우히데시타
My mother was Queen.

004

すべての人たちはその王妃が好きでした。
스베테노 히토타치와 소노 오우히가 스키데시타
Everyone loved the Queen.

해석

001 내 아버지는 왕이었어요. **002** 모든 사람들은 그 왕을 사랑했지요. **003** 제 어머니는 왕비였구요. **004** 모든 사람들이 그 왕비를 사랑했어요.

005

王妃は親切でした。

오우히와 신세츠 데시타

The Queen was kind.

006

王妃は悲しかったです。

오우히와 카나시캇타데스

The Queen was sad.

007

王妃は赤ちゃんを望んでいました。

오우히와　아카창 오 노존데 이마시타

The Queen wanted a baby.

008

彼女は女の子 がほしかったのです。

카노죠와 온나노코가 호시캇타노데스

She wanted a baby girl.

해석

005 왕비는 친절했어요. **006** 왕비는 슬펐고요. **007** 왕비는 아기를 원했습니다. **008** 그녀는 여자 아기를 원했지요.

009

彼女は雪のような白い肌の女の子を望んでいました。

카노죠와 유키노 요우나 시로이하다노 나노코오 노존데 이마시타

She wanted a girl with snow white skin.

010

彼女は赤い唇の女の子を望んでいました。

카노죠와 아카이 쿠치비루노 온나노코오 노존데 이마이타

She wanted a girl with red lips.

011

彼女は黒い髪の女の子を望んでいました。

카노죠 와 쿠로이 카미 노 온나노코오 노존데 이마시타

She wanted a girl with black hair.

012

王妃に赤んぼうができました。

오우히니 아캄보가 데키마시타

The Queen had a baby.

해석

009 그녀는 눈처럼 하얀 피부를 가진 여자아이를 원했어요. **010** 그녀는 빨간 입술을 가진 여자 아이를 바랬지요. **011** 그녀는 검은 머리의 여자아이를 기다렸어요. **012** 왕비는 아기를 갖게 되었습니다.

013

彼女の名前は白雪姫です。

카노죠노 나마에와 시라유키히메데스

Her name is Snow White.

014

彼女は雪のような白い肌を持っていました。

카노죠와 유키노 요우나 시로이 하다오 못테이마시타

She has snow white skin.

015

彼女は赤い唇を持っていました。

카노죠와 아카이 쿠치비루로 못테이마시타

She has red lips.

016

彼女は黒髪を持っていました。

카노죠와 쿠로카미오 못테이마시타

She has black hair.

해석

013 그녀의 이름은 백설공주입니다. **014** 그녀는 눈처럼 하얀 피부를 가졌어요. **015** 그녀는 빨간 입술을 지녔지요. **016** 그녀는 검은 머리였습니다.

017

私は白雪姫です。

와타시 와 시라유키히메데스

I am Snow White.

018

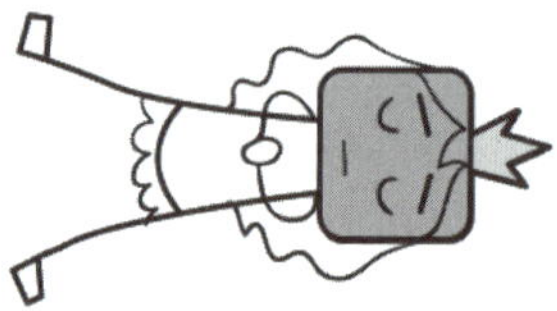

私の母は亡くなりました。

와타시노 하하와 나쿠나리마시타

My mother is dead.

019

私には母がいません。

와타시니와 하하가 이마셍

I have no mother.

020

私の父は再婚しました。

와타시노치치와 사이콘시마시타

My father remarried.

해석

017 나는 백설공주입니다. **018** 우리 어머니는 돌아가셨어요. **019** 저게는 어머니가 없습니다.
020 저희 아버지는 재혼하셨어요.

021

彼女は私のままははです。

카노죠와 와타시노 마마하하데스

She is my stepmother.

022

今彼女は王妃です。

이마 카노죠와 오우히데스

She is Queen now.

023

彼女は白雪姫が嫌いです。

카노죠와 시라유키히메가 키라이데스

She hates Snow White.

024

彼女は非常に邪悪です。

카노죠와 히죠니 쟈아쿠데스

She is very wicked.

해석

021 그녀는 제 의붓어머니입니다. **022** 그녀는 지금 왕비입니다. **023** 그녀는 백설공주를 싫어합니다. **024** 그녀는 매우 사악해요.

025

彼女は悪魔です。

카노죠와 아쿠마데스

She is evil.

026

彼女は邪悪なままははです。

카노죠와 쟈아쿠나 마마하하데스

She is a wicked stepmother.

027

王様は城に住んでいます。

오우사마와 시로니 슨데이마스

The King lives in a castle.

028

王妃も城に住んでいます。

오우히모시로니 슨데이마스

The Queen lives in a castle.

해석

025 그녀는 악마에요. **026** 그녀는 사악한 계모입니다. **027** 왕은 성에 살고 있어요. **028** 왕비도 성에 살고 있지요.

029

白雪姫も城に住んでいます。

시라유키히메모 시로니 슨데 이마스

Snow White lives in a castle.

030

ここは大きい城です。

코코와 오오키이 시로데스

It is a big castle.

031

ここは古い城です。

코코와 후루이 시로데스

It is an old castle.

032

ここには多くの部屋があります。

코코니와 오오쿠노 해야가 아리마스

It has many rooms.

해석

029 백설공주도 성에 살고 있어요. **030** 이곳은 큰 성입니다. **031** 오래된 성이기도 해요.
032 여기에는 방들이 많이 있어요.

033

王妃は白雪姫に仕事をさせます。
오우히와 시라유키히메니 시고토오사세마스
Queen makes Snow White work.

034

彼女は一日中働いています。
카노죠와 이치니치츄우 하타라이테이마스
She works all day.

035

彼女は夜も働きます。
카노죠와 요루모 하타라키마스
She works all night.

036

白雪姫は床を拭きます。
시라유키히메와 유카오 후키마스
Snow White cleans floors.

해석

033 왕비는 백설공주에게 일을 시킵니다. **034** 그녀는 하루 종일 일해요. **035** 밤에도 그녀는 일해요. **036** 백설공주는 바닥을 닦습니다.

037

白雪姫は洗濯をします。
시라유키히메와 센타쿠오 시마스
Snow White washes clothes.

038

彼女は後片付けをします。
카노죠와 아토카타츠케오시마스
She washes dishes.

039

彼女は着物をぬいます。
카노죠와 키모노오 누이마스
She sews clothes.

040

白雪姫は女中です。
시라유키히메와 죠츄우데스
Snow White is a servant.

해석

037 백설공주는 빨래를 하구요. **038** 그녀는 설거지를 해요. **039** 그녀는 옷을 바느질하지요. **040** 백설공주는 하인입니다.

041

城内の女中 。

죠오나이노 죠츄우

A servant in the castle.

042

彼女は悲しいです。

카노죠와 카나시데스

She is sad.

043

彼女は寂しいです。

카노죠와 사비시데스

She is lonely.

044

白雪姫は育ちます。

시라유키히메와 소다치마스

Snow White grows up.

해석

041 성 안의 일개 하인. **042** 그녀는 슬퍼요. **043** 그녀는 외롭지요. **044** 백설공주는 성장합니다.

045

白雪姫は美しくなります。
시라유키히메와 우츠쿠쿠나리마스
Snow White is beautiful.

046

すべての人たちが白雪姫を愛します。
스베테노 히토타치가 시라유키히메오 아이시마스
Everyone loves Snow White.

047

彼女は親切です。
카노죠 와 신세스데스
She is kind.

048

白雪姫は城で働きます。
시라유키히메와 시로데 하타라키마스
Snow White works inside.

해석

045 백설공주는 아름다워졌어요. **046** 모든 사람들이 백설공주를 사랑합니다. **047** 그녀는 친절하구요. **048** 백설공주는 성에서 일하고 있어요.

049

彼女は城の外でも働きます。

카노죠와 시로노소토데모 하타라키마스

She works outside.

050

王子がいます。

오우지가 이마스

There is a Prince.

051

彼は城外に住んでいます。

카라와 죠우가이니 슨데이마스

He lives outside the castle.

052

彼は、今馬に乗っているところです。

카레와 이마우마니 노토이루토코로데스

He is riding on a horse.

해석

049 그녀는 밖에서도 일해요. **050** 왕자가 하나 있습니다. **051** 그는 성 밖에서 살아요. **052** 그는 지금 말을 타고 있는 중이에요.

053

王子はとてもハンサムです。

오우지와 토테모 핸서므데스

Prince is very handsome.

054

彼は、馬に乗って城まで行きます。

카레와 우마니 놋테 시로마데 이키마스

He rides by the castle.

055

彼は白雪姫を見るようになりました。

카레와 시라유키히메오 미루요우니 나리마시타

He sees Snow White.

056

彼女は今仕事中です。

카노죠와 이마시고토 츄우데스

She is working.

해석

053 왕자는 무척 잘생겼습니다. **054** 그는 말을 타고 성까지 갔어요. **055** 그는 백설공주를 보게 되었지요. **056** 그녀는 지금 일하는 중이에요.

057

彼女は彼を見ることができません。

카노쟈 와 카레 오 미루 코토 가 데키마셍

She does not see him.

058

彼は白雪姫を愛するようになりました。

카레 와 시라유키히메오 아이스루요우니 나리마시타

He loves Snow White.

059

彼は止まりません。

카레 와 토마리마셍

He does not stop.

060

彼は 自分の馬 に乗ります。

카레와 지분노 우마니 노리마스

He rides his horse.

해석

057 그녀는 그를 보지 못했어요. **058** 그는 백설공주를 사랑하게 되었어요. **059** 그는 멈추지 않아요. **060** 그는 자기의 말을 탑니다.

061

彼は、馬に乗って城から出ていきます。

카레와 우마니 놋테 시로카라 데테이키마스

He rides away from the castle.

062

王妃は美しいです。

오우히와 우츠쿠시데스

The Queen is beautiful.

063

彼女は魔法の鏡を持っています。

카노죠와 마호우노 카가미오 못테 이마스

She has a magic mirror.

064

彼女は魔法の鏡に声をかけます。

카노죠와 마호우노카가미니 코에오 카케마스

She talks to the magic mirror.

해석

061 그는 말을 타고 성에서 나와요. **062** 왕비도 아름답습니다. **063** 그녀는 마법 거울을 가지고 있어요. **064** 그녀는 마법 거울에게 말을 겁니다.

065

魔法の鏡は真実だけを話します。

마호우 노 카가미와 신지츠다케오 하나시마스

Magic mirror tells the truth.

066

彼女は魔法の鏡に質問をします。

카노죠와 마호우노카가미니 시츠몽오 시마스

She asks it a question.

067

誰が一番綺麗ですか?

다레가 이치방 키레이데스카?

Who is most beautiful?

068

魔法の鏡が答えます。

마호노카가미가 코타에마스

Magic mirror answers.

해석

065 마법 거울은 진실만을 말합니다. **066** 그녀는 거울에게 물어봅니다. **067** 누가 가장 아름답지? **068** 마법 거울이 대답해요.

069

王妃が最も美しいです。
오우히가 못토모 우츠쿠시데스
Queen is most beautiful.

070

王妃は幸せです。
오우히와 시아와세데스
Queen is happy.

071

王妃はうれしかったです。
오우히와 우레시캇타데스
Queen is glad.

072

数年後。
스우넨고
Many years later.

해석

069 왕비님이 가장 아름답습니다. **070** 왕비는 행복함을 느껴요. **071** 왕비는 기뻤습니다. **072** 몇 년이 지났어요.

073

王妃は魔法の鏡に聞いてみます。

오우히와 마호우노카가미니 키이테 미마스

Queen asks magic mirror.

074

誰が一番綺麗ですか?

다레가 이치방 키레이데스카?

Who is the most beautiful?

075

こんどは返事が変わりました。

콘도와 헨지가 카와리마시타

It changes the answer.

076

白雪姫が最も美しいです。

시라유키히메가 못토모 우츠쿠시데스

Snow White is most beautiful.

해석

073 왕비는 마법거울에게 물어봅니다. **074** 누가 가장 아름답지? **075** 이번에는 바뀐 대답이 나왔어요. **076** 백설공주가 가장 아름답습니다.

077

王妃は腹が立ちました。
오우히와 하라가 타치마시타
Queen gets mad.

078

王妃は白雪姫が嫌になります。
오우히와 시라유키히메가 키라이니 나리마스
Queen hates Snow White.

079

王妃は白雪姫を殺したがります。
오우히와 시라유키히메오 코로시타가리마스
Queen wants to kill Snow White.

080

王妃は猟師にはなします。
오우히와 료우시니 하나시마스
Queen talks with Huntsman.

해석

077 왕비는 화가 났어요. **078** 왕비는 백설공주를 미워하게 되었어요. **079** 왕비는 백설공주를 죽이고 싶어요. **080** 왕비는 사냥꾼에게 말합니다.

081

王妃は猟師に命令を下します。
오우히와 료우시니 메레이오 쿠다시마스
Queen gives Huntsman orders.

082

白雪姫を殺してください。
시라유키히메오 코로시테 쿠다사이
Kill Snow White.

083

猟師はしんせつです。
료우시와 신세츠데스
Huntsman is kind.

084

猟師は白雪姫がすきでした。
료우시와 시라유키히메가 스키데시타
Huntsman likes Snow White.

해석

081 왕비는 사냥꾼에게 명령을 내려요. **082** 백설공주를 죽여. **083** 사냥꾼은 친절한 사람입니다. **084** 사냥꾼은 백설공주를 좋아해요.

085

彼は白雪姫におそれいります。

카레와 시라유키히메니 오소레이리마스

He is sorry for Snow White.

086

猟師は王妃が好きじゃないです。

료우시와 오우히가 스키쟈나이데스

Huntsman does not like Queen.

087

猟師は白雪姫を連れて行きます。

료오시와 시라유키히메오 츠레테 이키마스

Huntsman takes Snow White.

088

彼らは森の中にいきます。

카레라와 모리노나카니 이키마스

They go to the forest.

해석

085 그는 백설공주에게 미안해 합니다. **086** 사냥꾼은 왕비를 좋아하지는 않아요. **087** 사냥꾼은 백설공주를 데리고 갑니다. **088** 그들은 숲 속으로 가요.

089

彼は悲しかったです。

카레와 카나시캇타데스

He is sad.

090

彼は彼女に逃げなさいと言いました。

카레와 카노죠니 니게나사이토 이이마시타

He tells her to run away.

091

二度と城に帰えって来ないでください。

니도토 시로니카엣테 코나이데 쿠다사이

Never come back to the castle.

092

彼は彼女に王妃は悪魔だと言います。

카레와 카노죠니 오우히와 아쿠마다토 이마스

He tells her Queen is evil.

해석

089 그는 슬퍼졌어요. **090** 그는 그녀에게 도망가라고 합니다. **091** 다시는 성으로 돌아 오지 마세요. **092** 그는 그녀에게 왕비는 악마라고 말합니다.

093

白雪姫は遠くまで走って行きました。
시라유키히메와 토오쿠마데 하싯테이키마시타
Snow White runs far away.

094

彼女はしばらく走りました。
카노죠와 시바라쿠 하시리마시타
She runs a long time.

095

彼女は疲れました。
카노죠와 츠카레마시타
She is tired.

096

彼女は獨りぼっちになりました。
카노죠와 히토리봇치니 나리마시타
She is alone.

해석

093 백설공주는 멀리 달려갔어요. **094** 그녀는 오랜 시간 동안 달려요. **095** 그녀는 피곤해졌어요. **096** 그녀는 혼자가 되었어요.

097

猟師は城に戻りました。
료오시와 시로니 모도리마시타
Huntsman returns to the castle.

098

彼は王妃に話します。
카레와 오우히니 하나시마스
He talks to the Queen.

099

王妃は白雪姫について問いてみます。
오우히와 시라유키히메니 츠이테 키이테미마스
Queen asks about Snow White.

100

彼は白雪姫が死んだと言います。
카레와 시라유키히메가 신다토 이이마스
He says Snow White is dead.

해석

097 사냥꾼은 성으로 돌아갔어요. **098** 그는 왕비에게 말합니다. **099** 왕비는 백설공주에 관해 물어봐요. **100** 그는 백설공주가 죽었다고 합니다.

101

王妃は幸せになりました。
오우히와 시아와세니 나리마시타
Queen is happy.

102

王妃は喜びます。
오우히와 요로고비마스
Queen is glad.

103

王妃は悪魔です。
오우히와 아쿠마데스
Queen is evil.

104

王妃は邪悪です。
오우히와 쟈아쿠데스
Queen is wicked.

해석

101 왕비는 행복해졌어요. **102** 왕비는 기쁩니다. **103** 왕비는 악마에요. **104** 왕비는 사악합니다.

105

白雪姫は森の中にいます。
시라유키히메와 모리노 나카니 이마스
Snow White is in the forest.

106

白雪姫は道にまよいました。
시라유키히메와 미치니 마요이마시타
Snow White is lost.

107

白雪姫はお腹がぺこぺこになりました。
시라유키히메와 오나카가 페코페코니 나리마시타
Snow White is hungry.

108

白雪姫は寒いです。
시라유키히메와 사무이데스
Snow White is cold.

해석

105 숲 속에 백설공주가 있습니다. **106** 백설공주는 길을 잃었어요. **107** 백설공주는 배가 고파졌어요. **108** 백설공주는 춥기도 해요.

109

白雪姫は怖くなりました。
시라유키히메와 코와쿠나리마시타
Snow white is scared.

110

夜です。
요루데스
It is night.

111

暗いです。
쿠라이데스
It is dark.

112

みみずくが泣きます。
미미주크가 나키마스
An owl hoots.

해석

109 백설공주는 겁이 났습니다. **110** 밤이에요. **111** 어둡고요. **112** 부엉이가 부엉부엉 울어요.

113

彼女は変な音を聞きます。

카노죠와 헨나오토오 키키마스

She hears strange noises.

114

彼女は走りはじめます。

카노죠와 하시리 하지메마스

She starts to run.

115

彼女はとがった石の上を走ります。

카노죠와 토가타이시노 우에오 하시리마스

She runs on sharp stones.

116

彼女はとげの上を走ります。

카노죠와 토게노 우에오 하시리마스

She runs on thorns.

해석

113 그녀는 이상한 소리를 듣습니다. **114** 그녀는 달리기 시작해요. **115** 그녀는 뾰족한 돌 위로 달려 나갑니다. **116** 그녀는 가시 위를 달려요.

117

木たちが怖いです。

노키타치가 코와이데스

Trees look scary.

118

動物たちも怖いです。

도오부츠타치모 코와이데스

Animals look scary.

119

彼女は、一晩中、走ります。

카노죠와 히토반쥬 하시리마스

She runs all night.

120

彼女の足を痛 めました。

카노죠노 아시오 이따메마시타

Her feet hurt.

해석

117 나무들이 무서워 보이고요. **118** 동물들도 무서워 보입니다. **119** 그녀는 밤새도록 달려요. **120** 그녀는 발을 다쳤어요.

121

彼女は傷あとができました。
카노죠와 키즈아토가 데키마시타
She has scratches.

122

彼女は切り傷ができました。
카노죠와 키리키즈가 데키마시타
She has cuts.

123

彼女は疲れます。
카노죠와 츠카레마스
She is tired.

124

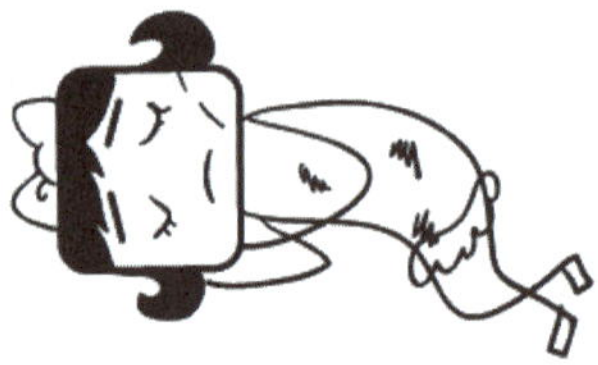

彼女は眠りこみます。
카노죠와 네무리 코미마스
She falls asleep.

해석

121 그녀는 긁혀서 상처들이 났어요. **122** 그녀는 베인 상처들도 있고요. **123** 그녀는 피곤합니다. **124** 그녀는 잠이 들어요.

125

彼女は木の下にいます。

카노죠와 코노시타니 이마스

She is under a tree.

126

彼女は朝になってこそ起きます。

카노죠와 아사니 낫테 코소 오키마스

She wakes up in the morning.

127

彼女は鳥のさえずりを聞きます。

카노죠와 토리노사에즈리오 키키마스

She hears birds singing.

128

彼女は自分を見ているウサギも見ます。

카노죠와 지분오미테이루 우사기모 미마스

She sees rabbits watching her.

해석

125 나무 아래에 그녀가 있습니다. **126** 그녀는 아침에야 일어납니다. **127** 그녀는 새의 노랫소리를 들어요. **128** 그녀는 자기를 바라보는 토끼들도 보구요.

129

彼女は自分を見ているりすたちを見ます。
카노죠와 지분오미테이루라스타치오 미마스
She sees squirrels watching her.

130

彼女は自分を見ている森の中の動物たちを見ます。
카노죠와 지분오미테이루모리노 나카노 도우부츠오 미마스
She sees forest animals watching her.

131

森は美しく見えます。
모리 와 우츠쿠시쿠 미에마스
The forest looks beautiful.

132

彼女はもう怖くないんです。
카노죠와 모우 코와쿠나이 인데스
She is not scared.

해석

129 자기를 보고있는 다람쥐들도 그녀가 봐요. **130** 그녀는 자신을 바라보고 있는 숲 속의 동물들을 쳐다봅니다. **131** 숲은 아름다워 보여요. **132** 그녀는 두려움이 없어졌어요.

133

彼女は家に帰える道を探そうと努力します。
카노죠와 이에니 카에루미치오 사가소우토 도료쿠시마스
She tries to find her way home.

134

彼女はあちこち歩きます。
카노죠와 아치코치 아루키마스
She walks around.

135

彼女は道を見つけました。
카노죠와 미치오 미츠케마시다
She finds a path.

136

その道は森の中にあります。
소노 미치와 모리노 나카니 아리마스
The path is in the forest.

해석

133 그녀는 집으로 가는 길을 찾으려고 노력합니다. **134** 그녀는 이리저리 걸어요. **135** 그녀는 길 하나를 찾았습니다. **136** 그 길은 숲 속에 있어요.

137

彼女は、道にそって歩いています。
카노죠와 미치니 솟테 아루이테이마스
She walks on the path.

138

彼女はある入りぐちに向って歩いて行きます。
카노죠와 아루 이리구치니 무캇테 아루이테 이키마스
She walks to an opening.

139

入りぐちは、森の中にあります。
이리구치와 모리노 나카니 아리마스
The opening is in the forest.

140

彼女は小さい家を発見します。
카노죠와 치이사이이에오 하켄 시마스
She sees a small house.

해석

137 그녀는 길을 따라 걷고 있어요. **138** 그녀는 어떤 입구로 걸어갑니다. **139** 그 입구는 숲 속에 있어요. **140** 그녀는 작은 집을 발견해요.

141

小さい門があります。
치이사이 몬가 아리마스
It has a small door.

142

小さい窓があります。
치이사이 마도가 아리마스
It has small windows.

143

小さい煙突があります。
치이사이 엔토츠가 아리마스
It has a small chimney.

144

すべての物が小さいです。
스베테노 모노가치이사이데스
Everything was small.

해석

141 작은 문이 있어요. **142** 작은 창문들도 있구요. **143** 굴뚝도 작게 있어요. **144** 모든 것이 다 조그마해요.

145

窓からほかげが見えます。

마도카라 호카게가 미에마스

There is a light in the window.

146

彼女は小さい門にむかって歩いて行きます。

카노죠와 치이사이 몬니 무캇테 아루테 이키마스

She walks to the small door.

147

彼女はドアを叩きます。

카노죠와 도아오 타타키마스

Snow White knocks on the door.

148

誰も答えません。

다레모 코타에마셍

No one answers.

해석

145 창문에 불빛이 비쳐있어요. **146** 그녀는 작은 문으로 걸어갑니다. **147** 그녀는 문을 두드려요. **148** 아무도 대답하지 않네요.

149

何か非常におかしいです。
나니카 히죠오니 오카시이데스
It is very strange.

150

白雪姫はこんなんしています。
시라유키히메와 곤난시테이마스
Snow White is confused.

151

白雪姫は知りたいです。
시라유키히메와 시리타이데스
Snow white is curious.

152

彼女はとても疲れています。
카노죠와 토테모 츠카레테이마스
She is very tired.

해석

149 무언가매우 이상해요. **150** 백설공주는 혼란스러워 졌어요. **151** 백설공주는 궁금해 해요.
152 그녀는 매우 피곤하기도 하고요.

153

彼女は休 みたいです。

카노죠와 야스미타이데스

She wants to rest.

154

彼女はまたドアを叩きます。

카노죠와 마타 도아오 타타키마스

She knocks the door again.

155

何の返事もありません。

난노헨지모 아리마셍

No one answers.

156

彼女はドアを開けます。

카노죠와 도아오 아케마스

She opens the door.

해석

153 그녀는 쉬고 싶어요. **154** 그녀는 문을 다시 두드려요. **155** 아무런 대답도 없네요. **156** 그녀는 문을 열어요.

157

白雪姫は、中に入ります。

시라유키히메와 나카니 하이리마스

Snow White goes in.

158

彼女は辺り見回します。

카노죠와 아타리오 미마와시마스

She looks around.

159

ここは散らかっています。

코코와 치라카테 이마스

It is messy.

160

床きたないです。

유카키 타나이데스

Floor is dirty.

해석

157 백설공주는 안으로 들어가요. **158** 그녀는 주위를 돌아보아요. **159** 이곳은 어질러져 있네요. **160** 바닥도 더럽구요.

161

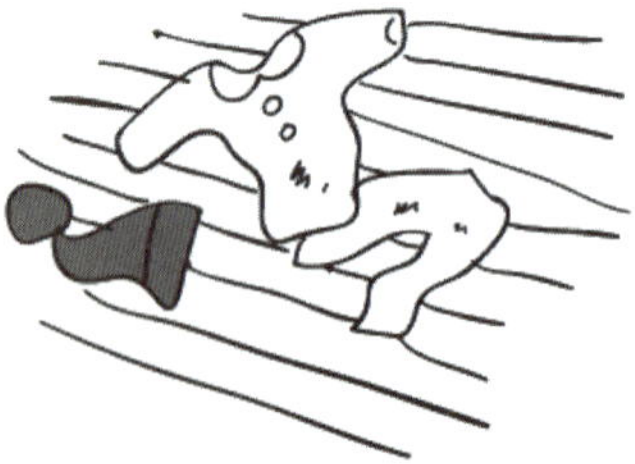

床の上の服。
유카노 우에노 후쿠
Clothes on the floor

162

流し台の中の汚れた器。
나가시다이노 나카노 요고레타우츠와
Dirty dishes in the sink

163

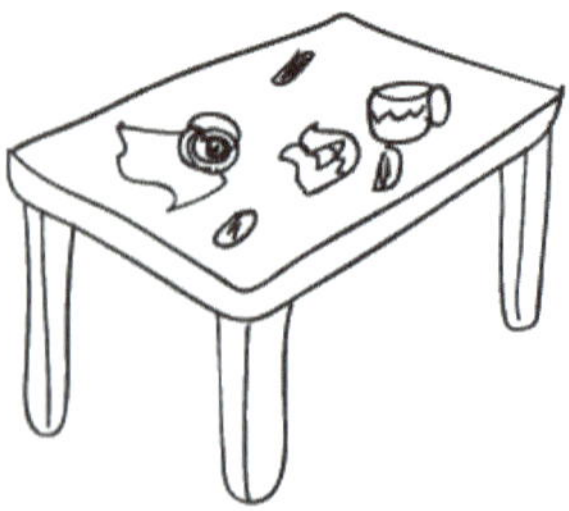

テーブルの上のほこり。
테이브르노 우에노 호코리
Dust on the tables

164

ストーブの中の灰。
스토브노 나카노 하이
Ashes in fireplace

해석

161 바닥 위의 옷들 **162** 싱크대 안의 더러운 그릇들 **163** 테이블 위의 먼지들 **164** 난로 안의 재들

165

これらはきれいじゃありません。

코레라와 키레이 쟈아리마셍

It is not clean.

166

白雪姫は掃除を始めます。

시라유키히메와 쇼오지오 하지메마스

Snow White starts to clean.

167

彼女は掃除しながら口笛を吹きます。

카노죠 와 쇼오지 시나가라 쿠치부에오 후키마스

She whistles while she cleans.

168

森の中の動物たちも彼女が掃除するのを手伝ってくれます。

모리 노나카노 도부츠타치모 카노죠 가 소오지 소루노 오테츠닷테 쿠레마스

The forest animals help her clean.

해석

165 이것들은 다 깨끗하지 않아요. **166** 백설공주는 청소를 시작합니다. **167** 청소하면서 그녀는 휘파람을 불어요. **168** 숲 속의 동물들도 그녀가 청소하는 것을 도와주네요.

169

彼女は雑巾を持って來 ます。

카노죠와 죠오킨오 못테 키마스

She gets a mop.

170

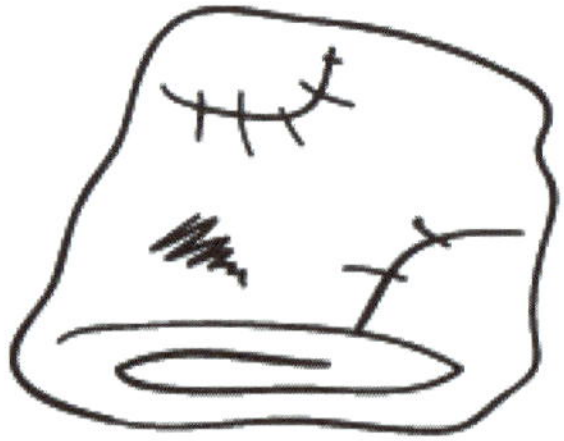

彼女は、布巾を持って來ます。

카노죠와 후킨오 못테키마스

She gets a rag.

171

彼女は水をくんで持ってきます。

카노죠와 미즈오 쿤데못테 키마스

She gets some water.

172

彼女は床を拭きます。

카노죠와 유카오 후키마스

She cleans the floor.

해석

169 그녀는 걸레를 가져와요. **170** 그녀는 헝겊조각도 가져오구요. **171** 그녀는 물도 가져 옵니다. **172** 그녀는 바닥을 닦습니다.

173

彼女はほこりもはらいます。
카노죠와 호코리모 하라이마스
She dusts.

174

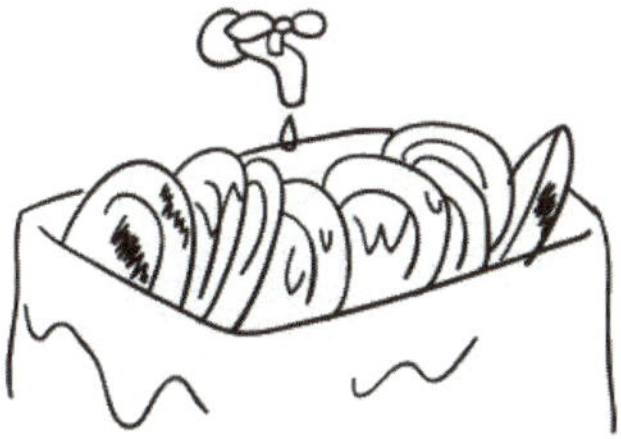

流し台の中の汚れた器。
나가시다이노 나카노 요고레타우츠와
Dirty dishes in the sink

175

彼女は食器を洗います。
카노죠와 쇼키오 아라이마스
She washes dishes.

176

彼女は服を拾います。
카노죠와 후쿠오 히로이마스
She picks up clothes.

해석

173 그녀는 먼지도 털어내요. 174 싱크대 안의 지저분한 그릇들 175 그녀는 설거지를 합니다. 176 그녀는 옷들을 주워들어요.

177

彼女はストーブも掃除します。

카노죠와 스토브모 쇼오지시마스

She cleans the fireplace.

178

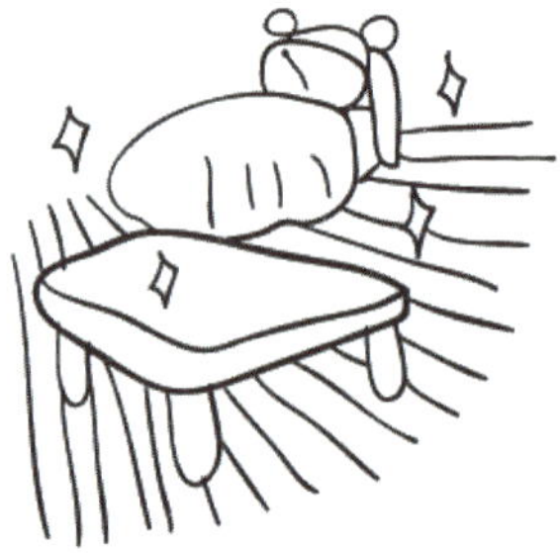

幸せにみえます。

시아와세니 미에마스

It looks good.

179

彼女は幸せです。

카노죠와 시아와세데스

She is happy.

180

彼女は辺りを見回します。

카노죠와 아타리오 미마와시마스

She looks around.

해석

177 그녀는 난로도 청소합니다. **178** 좋아 보여요. **179** 그녀는 행복해 졌어요. **180** 그녀는 주위를 돌아봅니다.

181

彼女はテーブルを眺めます。

카노죠와 테에브르오 나가메마스

She sees a table.

182

テーブルは小さいです。

테에브르와 치이사이데스

The table is small.

183

彼女は椅子も眺めます。

카노죠와 이스모 나가메마스

She sees chairs.

184

椅子も小さいです。

이스모 치이사이데스

Chairs are small.

해석

181 그녀는 테이블을 쳐다봅니다. **182** 테이블이 작네요. **183** 그녀는 의자들도 바라봐요. **184** 의자들도 작아요.

185

七つの椅子があります。

나나츠노 이스가 아리마스

There are seven chairs.

186

それらはテーブルの周りにあります。

소레라와 테에브르노 마와리니아리마스

They are around the table.

187

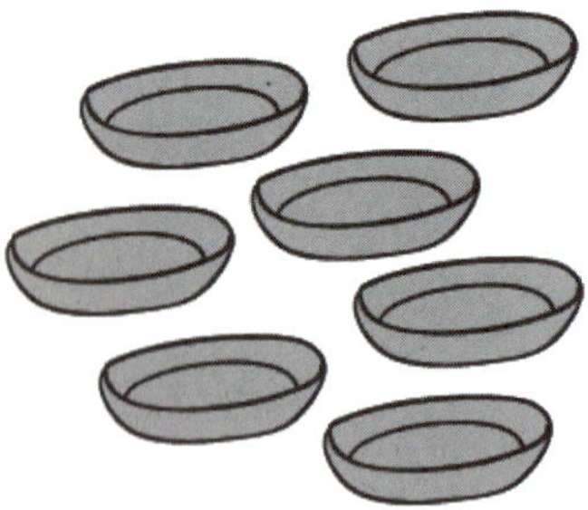

七つの皿もあります。

나나츠노 사라모 아리마스

There are seven plates.

188

それらはテーブルの上にあります。

소레라와 테에브르노 우에니 아리마스

They are on the table.

해석

185 의자들이 일곱 개 있습니다. **186** 그것들은 테이블 주위에 있어요. **187** 접시도 일곱 개네요. **188** 그것들은 테이블 위에 있어요.

189

七つの箸があります。

나나츠노 하시가 아리마스

There are seven spoons.

190

それらはテーブルの上にあります。

소레라와 테에브르노 우에니 아리마스

They are on the table.

191

七つのコップもあります。

나나츠노 콥푸모 아리마스

There are seven cups.

192

それらはテーブルの上にあります。

소레라와 테에브르노 우에니 아리마스

They are on the table.

해석

189 일곱 개의 수저가 있어요. **190** 그것들도 테이블 위에 있습니다. **191** 일곱 개의 컵도 있네요. **192** 테이블 위에 그것들이 놓여 있어요.

193

彼女は野菜もながめています。

카노죠와 야사이모 나가메테이마스

She sees vegetables.

194

それらは皿の上にあります。

소레라와 사라노 우에니 아리마스

They are on the plates.

195

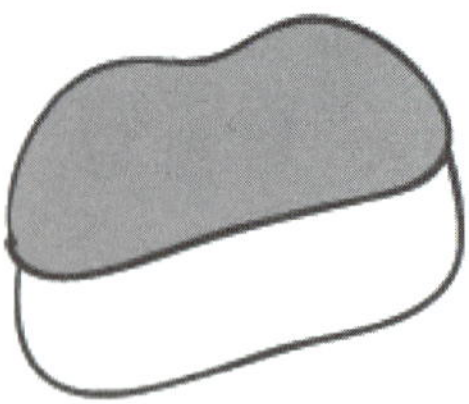

彼女はパンを捜しています。

카노죠와 빵오 사가시테이마스

She sees bread.

196

それも皿の上にあります。

소레모 사라노 우에니 아리마스

It is on the plates.

해석

193 그녀는 채소들도 보고 있어요. **194** 그것들은 접시 위에 있어요. **195** 그녀는 빵도 보고있어요. **196** 그것도 접시 위에 있어요.

197

彼女の目にカップも見えます。
카노죠노 메니 콥프모 미에마스
She sees cups.

198

カップの中は牛乳があります。
콥프노 나카와 규우뉴우가 아리마스
Milk is in the cups.

199

白雪姫はお腹がすいてきました。
시라유키히메와 오나카가 스이테 키마시타
Snow White is hungry.

200

彼女は何か食べたくなりました。
카노죠와 나니카 타베타쿠나리마시타
She wants to eat.

해석

197 컵들도 그녀 눈에 보이네요. **198** 컵에는 우유가 있습니다. **199** 백설공주는 배가 고파요. **200** 그녀는 뭔가 먹고 싶어요.

201

彼女は野菜をすこし食べます。
카노죠와 야사이오 스코시 타베마스
She eats some vegetables.

202

おいしい!
오이시!
Delicious!

203

彼女はパンもすこし食べます。
카노죠와 판모 스코시 타베마스
She eats some bread.

204

おいしい!
오이시!
Delicious!

해석

201 그녀는 채소를 약간 먹어요. **202** 맛있다! **203** 그녀는 빵도 조금 먹어요. **204** 맛있네!

205

彼女は牛乳をすこし飲みます。
카노죠와 규우뉴우오 스코시 노미마스
She drinks some milk.

206

おいしい!
오이시!
Delicious!

207

彼女はもうお腹空かないです。
카노죠와 모오 오나카 스카나이데스
She is not hungry any more.

208

彼女は辺を見回します。
카노죠와 헨오 미마와시마스
She looks around.

해석

205 그녀는 약간의 우유를 마셔요. **206** 맛있군! **207** 그녀는 이제 더 이상 배고프지 않아요.
208 그녀는 주위를 돌아보았어요.

209

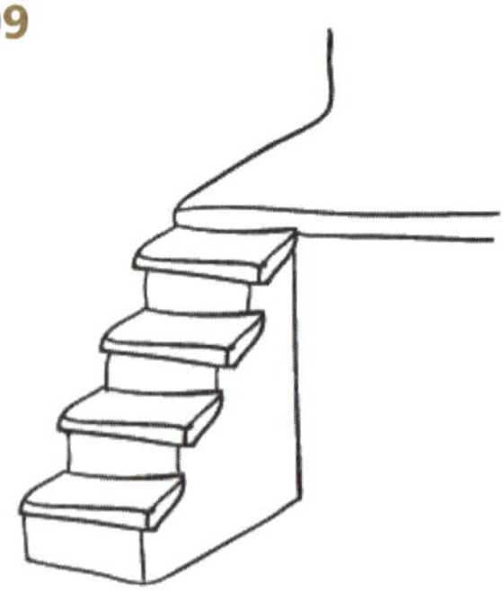

いくつかの階段が彼女の目に見えます。
이쿠츠카노 카이단가 카노죠노 메니 미에마스
She sees some stairs.

210

彼女は階段で歩いて行きます。
카노죠와 카이단데 아루이테 이키마스
She walks to the stairs.

211

彼女は階段を登ります。
카노죠와 카이단오 노보리마스
Snow White goes up the stairs.

212

彼女はベッドを見つけました。
카노죠와 벳도오 미츠케마시타
She sees beds.

해석

209 몇 개의 계단이 그녀의 눈에 보이네요. 210 그녀는 계단쪽으로 걸어가요. 211 계단위로 그녀는 올라갑니다. 212 그녀는 침대들을 발견했어요.

213

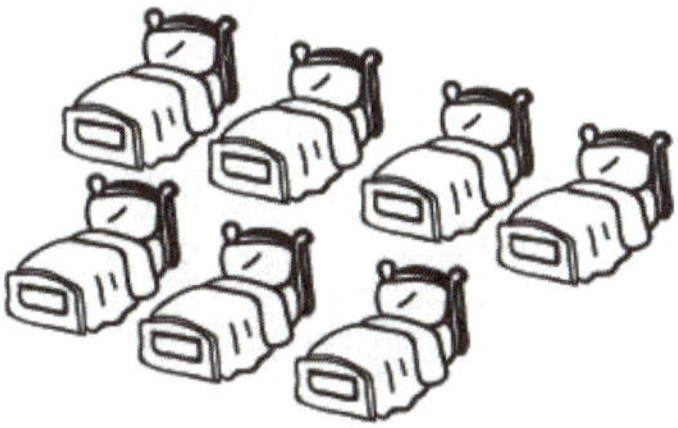

七つのベッドがあります。

나나츠노 벳도가 아리마스

There are seven beds.

214

それらは一列に置かれています。

소레라와 이치레츠니 오카레테이마스

They are in a row.

215

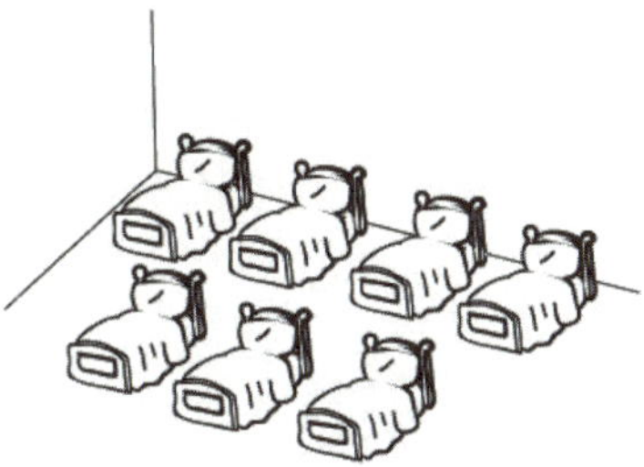

それらは壁にもたれています。

소레라와 카베니 모타레테이마스

They are against the wall.

216

ベッドはとても小さいです。

벳도와 토데모 치이사이데스

Beds are very small.

해석

213 일곱 개의 침대가 있네요. **214** 그것들은 일렬로 놓여져 있어요. **215** 그것들은 벽에 기대어져 있고요. **216** 침대들이 매우 작아요.

217

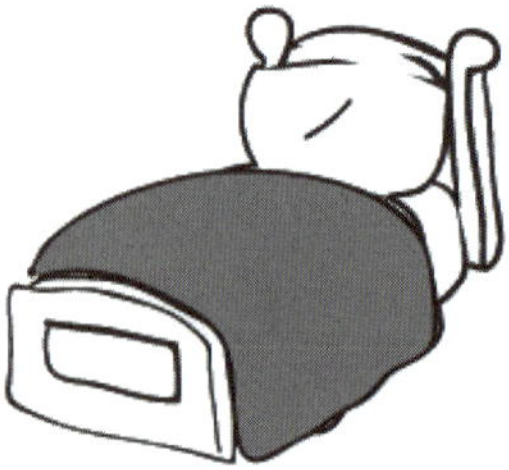

毛布がベッドの上にあります。

모오후가 벳도노 우에니 아리마스

Blankets are on the beds.

218

ベッドの上に名前が書かれています。

벳도노 우에니 나마에가 카카레테이마스

Names are on the beds.

219

最初の名前はDocです。

사이쇼노 나마에와 Doc데스

The first name is Doc.

220

二番目はHappyです。

니반메와 Happy데스

The second name is Happy.

해석

217 담요들이 각각 침대들 위에 있어요. **218** 침대들 위에 이름들도 적혀있네요. **219** 첫 번째 이름은 Doc 입니다. **220** 두 번째는 Happy 이고요.

221

三番目はSneezyです。

삼반메와 Sneezy데스

The third name is Sneezy.

222

四番目はGrumpyです。

욘반메와 Grumpy데스

The fourth name is Grumpy.

223

五番目はBashfulです。

고반메와 Bashful데스

The fifth name is Bashful.

224

六番目はSleepyです。

로쿠반메와 Sleepy데스

The sixth name is Sleepy.

해석

221 세 번째는 Sneezy 입니다. **222** 네 번째는 Grumpy 네요. **223** 다섯 번째는 Bashful 이고요. **224** 여섯 번째는 Sleepy 라고 해요.

225

七番目はDopeyです。

나나반메와 Dopey데스

The seventh name is Dopey.

226

白雪姫はみんな子供たちの名前のようで、面白かったです。

시라유키히메 와 민나 코도모타치노 나마에 노 요오 데 오모시로캇타데스

Snow White thought what silly names for children.

227

白雪姫は疲れました。

시라유키히메와 츠카레마시타

Snow White is tired.

228

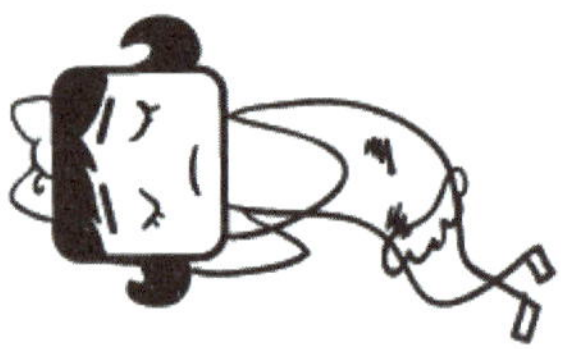

白雪姫は眠ます。

시라유키히메와 네마스

Snow White lies down.

해석

225 일곱 번째는 Dopey 군요. **226** 백설공주는 다 아이들 이름 같다며 우스꽝스럽다고 생각했어요. **227** 백설공주는 피곤해 졌어요. **228** 백설공주는 드러누었어요.

229

白雪姫はベッドの上で眠ます。

시라유키히메와 벳도노우에데 네마스

She lies down on a bed.

230

ベッドは小さいです。

벳도와 치이사이데스

The bed is small.

231

それは彼女には小さすぎます。

소레와 카노죠니와 치이사스기마스

It is too small for her.

232

彼女はとても疲れます。

카노죠와 토테모 츠카레마스

She is very tired.

해석

229 백설공주는 침대 위에 누워요. **230** 침대가 작네요. **231** 그것은 그녀에겐 너무 작아요. **232** 그녀는 몹시 피곤해 졌어요.

233

彼女は眠りこんでしまいます。

카노죠와 네무리콘데시마이마스

She goes to sleep.

234

暗くなりました。

쿠라크 나리마시타

It gets dark.

235

遅い 時間です。

오소이 지간데스

It is late.

236

家の主人たちが帰っています。

이에노 슈진타치가 카엣테 이마스

The owners are home.

해석

233 그녀는 잠들어 버려요. **234** 어두워졌어요. **235** 늦은 시간입니다. **236** 집주인들이 돌아왔네요.

237

彼らは七人の小人たちです。

카레라와 시츠닌노코비토타치데스

They are the seven dwarfs.

238

彼らは鉱山で働きます。

카레라와 코오잔데 하타라키마스

They work in the mines.

239

彼らはダイヤモンドを捜しています。

카레라와 다이아몬도오 사가시테 이마스

They look for diamonds.

240

彼らはdig、dig、digの歌を歌います。

카레라와 dig, dig, dig노 우타오 우타이마스

They sing dig, dig, dig.

해석

237 그들은 일곱 명의 난쟁이들입니다. **238** 그들은 광산에서 일해요. **239** 그들은 다이아몬드를 찾고 있어요. **240** 그들은 dig, dig, dig 노래를 불러요.

241

彼らは一日中歌います。

카레라와 이치니치쥬우 우타이마스

They sing all day long.

242

鉱山は山の中にあります。

코오잔와 야마노 나카니 아리마스

The mines are in the mountains.

243

その山は森と通じています。

소노야마와 모리토 츠우지테 이마스

The mountains are in the forest.

244

彼らは家に帰る途中に歌を歌います。

카레라와 이에니 카에르 토츄우니 우타오 우타이마스

They sing on the way home.

해석

241 그들은 하루 종일 노래합니다. **242** 광산들은 전부 산 속에 있어요. **243** 그 산들은 숲을 통해 있고요. **244** 그들은 집으로 돌아오는 길에 노래를 불러요.

245

彼らは家に帰ってる時は幸せです。
카레라와 이에니 카에테크르루 토키와 시아와세데스
They are happy on the way home.

246

彼らは家に樂しく歸ります。
카레라와 이에니 타노시쿠 가에리마스
They are glad to go home.

247

彼らは、夕方傾仕事を止めます。
카레라와 유우가타고로 시고토오 토메마스
They stop work at sunset.

248

そこは遠く離れています。
소코와 토오쿠하나레테 이마스
It is far away.

해석

245 그들이 집으로 돌아 올 때면 행복합니다. **246** 그들은 집에 즐겁게 돌아옵니다. **247** 그들은 해질녘쯤에 일을 멈춰요. **248** 그곳은 멀리 떨어진 곳이지요.

249

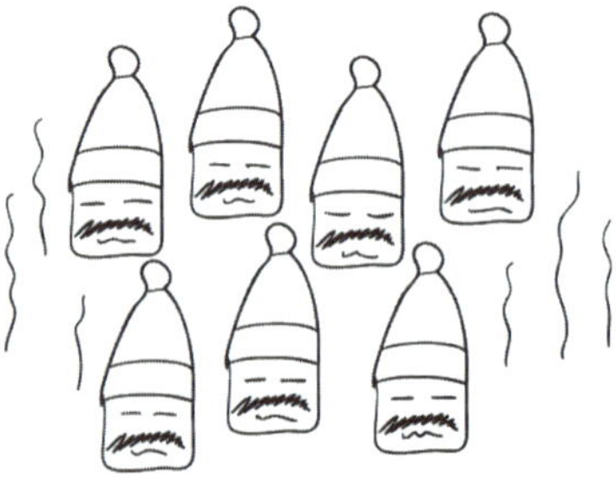

彼らは疲れています。

카레라와 츠카레테 이마스

They are tired.

250

彼らはおなかもすいています。

카레라와 오나카모 스이테 이마스

They are hungry.

251

彼らはドアを開きます。

카레라와 도아오 히라키마스

They open the door.

252

彼らは周りを見ます。

카레라와 마와리오 미마스

They look around.

해석

249 그들은 피곤해요. **250** 그들은 배도 고파요. **251** 그들은 문을 열어요. **252** 그들이 주위를 둘러보네요.

253

家が変わりました。
이에가 카와리마시타
The house is different.

254

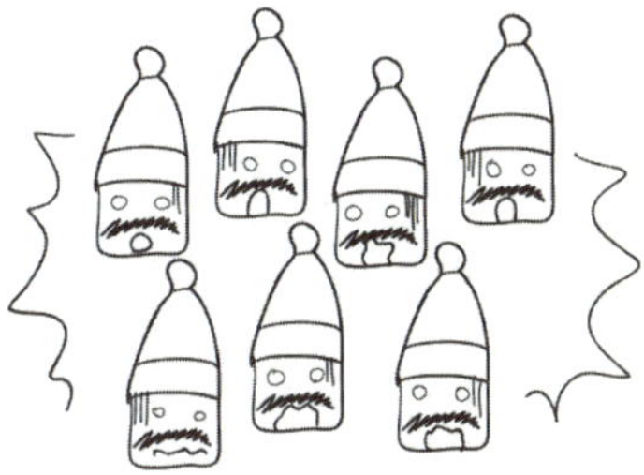

彼らは怖かったです。
카레라와 코와캇타데스
They are scared.

255

誰かが家の中にいるらしいです。
다레카가 우치노나카니 이루라시이데스
Someone is in the house.

256

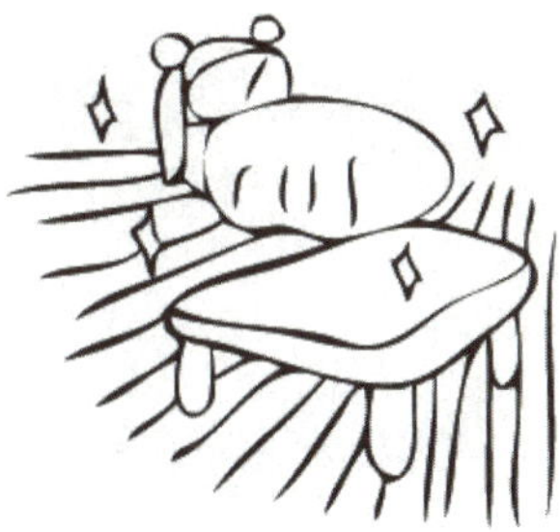

家はきれいです。
카와 키레이데스
The house is clean.

해석

253 집이 달라졌어요. **254** 그들은 겁이 났어요. **255** 누군가가 집 안에 있는 것 같아요. **256** 집은 깨끗합니다.

257

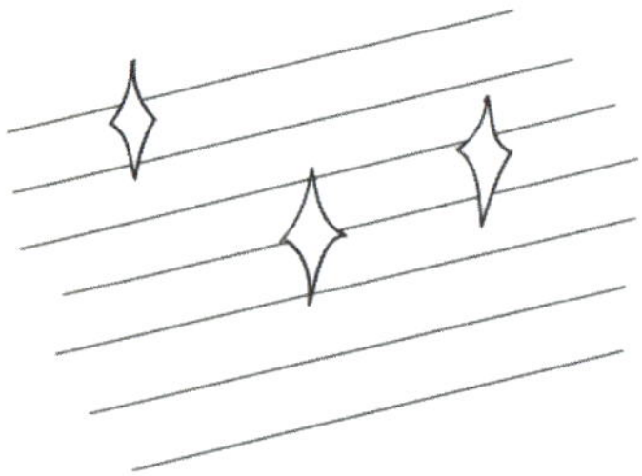

床もきれいです。
유카모 키레이데스
The floor is clean.

258

テーブルの上のほこりが拭かれていました。
테에브르노 우에노 호코리가 후카레테이마시타
The tables are dusted.

259

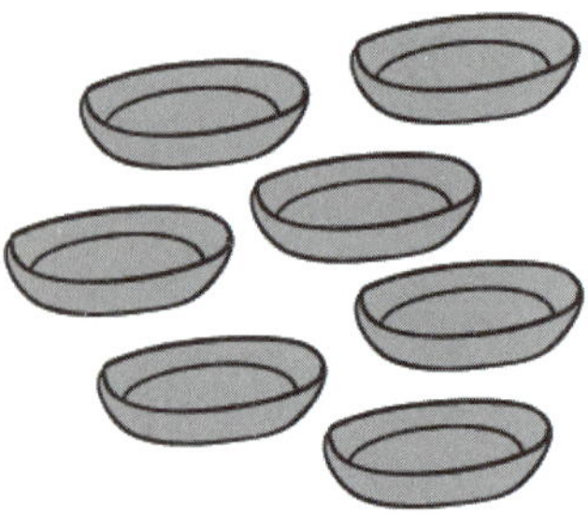

器もやはりふき取られています。
우츠와모 야하리 후키토라레테이마스
The dishes are washed.

260

服は上にありました。
후크와 우에니 아리마시타
The clothes are picked up.

해석

257 바닥도 깨끗하네요. **258** 테이블의 먼지가 닦여져 있어요. **259** 그릇들 역시 닦여졌구요. **260** 옷들이 걸려있어요.

261

彼らはびっくりしました。
카레라와 빗쿠리시마시타
They are surprised.

262

彼らは幸せになりました。
카레라와 시아와 세니나리마시타
They are happy.

263

彼らは、テーブルを見ました。
카레라와 테이브르오 미마시타
They look at the table.

264

野菜が無くなりました。
야사이가 나쿠나리마시타
The vegetables are gone.

해석

261 그들은 놀랐어요. **262** 그들은 행복해졌고요. **263** 그들이 테이블을 바라봤어요. **264** 채소들이 없어졌네요.

265

パンが消えました。

빵가 키에마시타

The bread is gone.

266

牛乳が消えました。

규우뉴우가 키에마시타

The milk is gone.

267

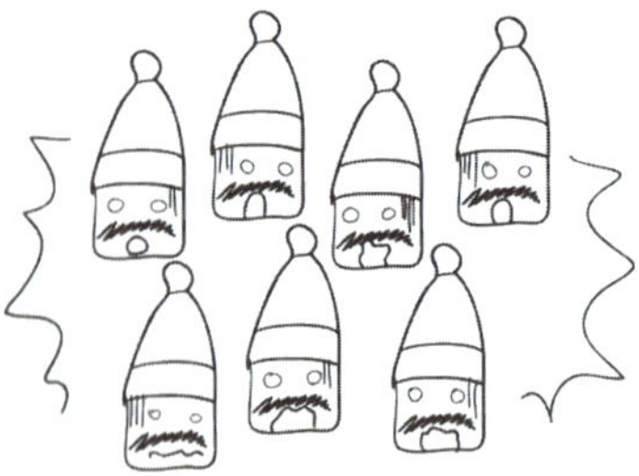

彼らは怖くなりました。

카레라와 코와쿠나리마시타

They are scared.

268

七人の小人たちが階段の上に登ります。

시츠닌노 코비토타치와가 카이단노 우에니 노보리마스

The seven dwarfs go up the stairs.

해석

265 빵이 사라졌어요. **266** 우유가 없어졌어요. **267** 그들은 두려워졌어요. **268** 일곱 난쟁이들이 계단 위로 올라갑니다.

269

彼らは灯を持っています。

카레라와 아카리오 못테 이마스

They carry a light.

270

彼らは光を照らしてみます。

카레라와 히카리오 테라시테미마스

They shine a light.

271

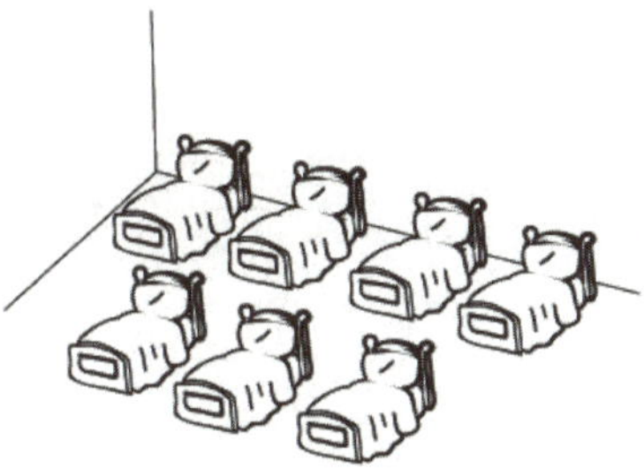

彼らは部屋の中を見回します。

카레라와 헤야노 나카오 미마와시마스

They look in the room.

272

彼らは大きな影を発見しました。

카레라와 오오키나 카게오 핫켄시마시타

They see a big shadow.

해석

269 그들은 등잔을 들고 있어요. **270** 그들이 불빛을 비춰봅니다. **271** 그들은 방 안을 바라봅니다. **272** 그들은 큰 그림자를 발견해요.

273

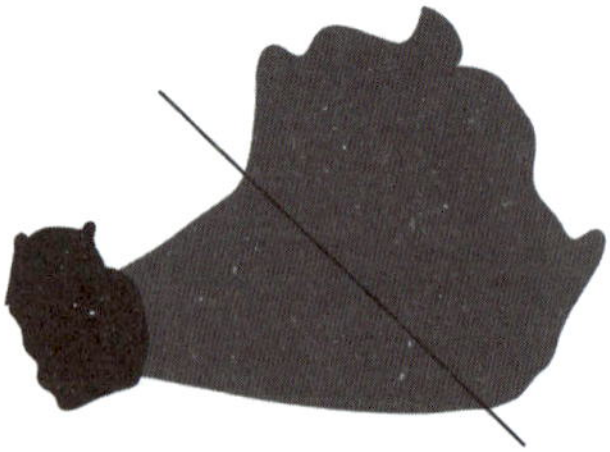

彼らは何か大きなものを見ました。
카레라와 나니카 오오키나 모노오미마시타
They see something big.

274

彼らはそれが怪物だと思います。
카레라와 소레가 카이부츠다토 오모이마스
They think it is a monster.

275

彼らは震えています。
카레라와 후르에테이마스
They are shaking.

276

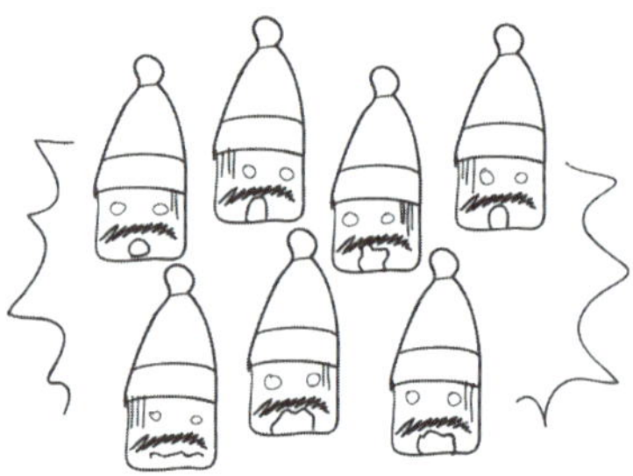

彼らは恐ろしいです。
카레라와 오소로시이데스
They are scared.

해석

273 그들은 무언가 큰 것을 봤어요. **274** 그들은 그것이 괴물이라고 생각합니다. **275** 그들은 떨고 있어요. **276** 그들은 겁이 났어요.

277

彼らはそれが女の子なのをわかりました。
카레라와 소레가 온나노코나노오 와카리마시타
They see it is a girl.

278

彼らは白雪姫を発見します。
카레라와 시라유키히메오 핫켄 시마스
They see Snow White.

279

白雪姫はベッドの上にいます。
시라유키히메와 벳도노 우에니 이마스
Snow White is on the bed.

280

白雪姫は寝ています。
시라유키히메와 넷테 이마스
Snow White is sleeping.

해석

277 그들은 그것이 여자아이 인 것을 알았어요. **278** 그들은 백설공주를 발견합니다. **279** 백설공주는 침대 위에 있어요. **280** 백설공주는 자고 있네요.

281

七人の小人は声をあげます。

시츠닌노 코비토와 코에오 아게마스

The seven dwarfs yell.

282

白雪姫は目が覚めます。

시라유키히메와 메가사메마스

Snow White wakes up.

283

白雪姫も声をあげます。

시라유키히메모 코에오 아게마스

Snow White yells.

284

彼女は七人の小人を見ます。

카노죠와 시츠닌노코비토오 미마스

She sees the seven dwarfs.

해석

281 일곱 난쟁이들이 소리를 지릅니다. **282** 백설공주가 깨어났어요. **283** 백설공주도 소리를 질러요. **284** 그녀는 일곱 난쟁이를 쳐다봅니다.

285

彼らはみんなびっくりしました。
카레라와 민나 빗쿠리시마시타
They are all surprised.

286

白雪姫はおそろしいです。
시라유키히메와 오소로시이데스
Snow White is scared.

287

彼らもおそろしいです。
카레라모 오소로시이데스
They are scared.

288

彼らは彼女に名前を聞きます。
카레라와 카노죠니 나마메에 키키마스
They ask her name.

해석

285 그들 모두가 놀랍어요. **286** 백설공주는 겁이 났어요. **287** 그들도 겁이 났고요. **288** 그들이 그녀의 이름을 묻습니다.

289

私は白雪姫です。

와타시와 시라유키히메데스

I am Snow White.

290

彼女も彼らに名前を聞きました。

카노죠모 카레라니 나마에오 키키마시타

She asks their names.

291

私はSleepyです。

와타시와 Sleepy데스

I am Sleepy.

292

私は寝るのがすきです。

와타시와 네루노가 스키데스

I like to sleep.

해석

289 나는 백설공주에요. **290** 그녀도 그들의 이름을 물었어요. **291** 나는 Sleepy 입니다.
292 나는 자는 것을 좋아해요.

293

私はいつも寝ます。

와타시와 이츠모 네마스

I sleep all the time.

294

私はDocです。

와타시와 Doc데스

I am Doc.

295

私は頭がいいです。

와타시와 아타마가이이데스

I am smart.

296

私は眼鏡をかけています。

와타시와 메가네오 카케테이마스

I wear glasses.

해석

293 나는 늘 잡니다. **294** 나는 Doc 입니다 **295** 나는 똑똑하고요. **296** 나는 안경을 끼고 있어요.

297

私はSneezyです。

와타시와 Sneezy데스

I am Sneezy.

298

私の鼻は赤いです。

와타시노 하나와 아카이데스

My nose is red.

299

私はいつもくしゃみをします。

와타시와 이츠모 크샤미오 시마스

I always sneeze.

300

私はDopeyです。

와타시와 Dopey데스

I am Dopey.

해석

297 나는 Sneezy 입니다. **298** 내 코는 빨갛죠. **299** 나는 항상 재채기를 한답니다. **300** 나는 Dopey 에요.

301

ここで私が一番幼いです。
코코데 와타시가 이치반 오사나이데스
I am the youngest.

302

私ははげ頭です。
와타시와 하게아타마데스
I am bald.

303

私はHappyです。
와타시와 Happy데스
I am Happy.

304

俺は楽しく遊ぶのが好きです。
오레와 타노시크 아소부노가 스키데스
I like to have fun.

해석

301 내가 여기서 제일 어려요. **302** 나는 대머리랍니다. **303** 나는 Happy라고 해요. **304** 나는 즐겁게 노는 것을 좋아고요.

305

私はよく笑います。
와타시와 요쿠 와라이마스
I like to laugh.

306

私はGrumpyです。
와타시와 Grumpy데스
I am Grumpy.

307

私はいつもぶつぶついいます。
와타시와 이츠모 부츠부츠이이시마스
I always complain.

308

私は絶対幸せじゃありません。
와타시와 젯타이 시아와세자아리마셍
I am never happy.

해석

305 나는 잘 웃습니다. **306** 나는 Grumpy. **307** 나는 항상 투덜대죠. **308** 나는 절대로 행복하지 않습니다.

309

私はBashfulです。
와타시와 Bashful데스
I am Bashful.

310

私はとても恥ずかしがりやです。
와타시와 토테모 하즈카시가리야데스
I am very shy.

311

私はあまり話しません。
와타시와 아마리 하나시 시마센
I don't talk very much.

312

彼女は彼らが好きになりました。
카노쵸와 카레라가 스키니 나리마시타
She likes them.

해석

309 나는 Bashful이라고 해요. **310** 나는 많이 부끄러워해요. **311** 나는 말을 많이 하지 않아요. **312** 그녀는 그들이 좋아졌어요.

313

彼らはみんな親しくなりました。

카레라와 민나 시타시쿠나리마시타

They are all friendly.

314

彼らが問いてみます。

카레라가 키이테 미마스

They ask a question.

315

どうしてあなたが家にいるんですか?

도오시테 아나타가이에니 이룬데스카?

Why is she in the house?

316

彼女は彼らに話します。

카노죠와 카레라니 하나시마스

She tells them.

해석

313 그들 모두가 친해졌어요. **314** 그들이 물어봅니다. **315** 왜 당신이 집안에 있는거죠?
316 그녀는 그들에게 말해요.

317

私の父は王です。

와타시노치치와 오오데스

My father is King.

318

私には邪悪なままははがいます。

와타시니와 쟈아쿠나 마마하하가 이마스

I have a wicked stepmother.

319

彼女は悪魔です。

카노죠와 아쿠마데스

She is evil.

320

彼女は私を嫌いです。

카노죠와 와타시오 키라이데스

She hates me.

해석

317 제 아버지는 왕이에요. **318** 저에게는 사악한 계모가 있고요. **319** 그녀는 악마에요. **320** 그녀는 저를 미워해요.

321

彼女は私を殺そうとします。

카노죠오 와타시오 코로소우토시마스

She wants to kill me.

322

彼女は獵師にわたしを殺せと言いました。

카노죠와 료오시니 와타시오 코로세토 이이마시타

She told Huntsman to kill me.

323

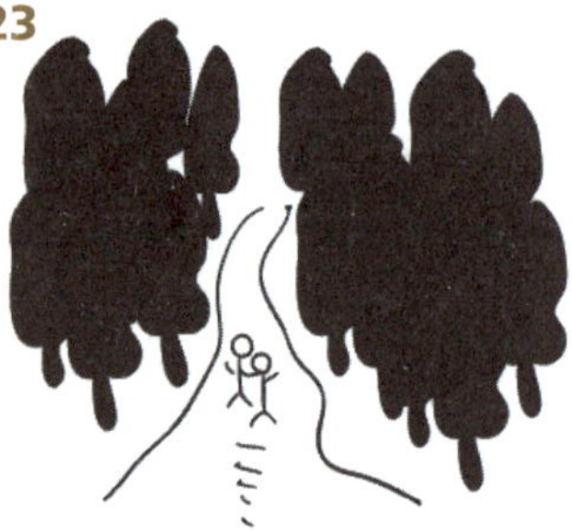

猟師はわたしを森の中に連れて行きました。

료오시와 와타시오 모리 노 나카 니 츠레테 이키마시타

Huntsman took me to the forest.

324

ハンターはしんせつでした。

한타 와 신 세츠데시타

Huntsman is kind.

해석

321 그녀는 저를 죽이려 해요. **322** 그녀는 사냥꾼에게 저를 죽이라고 말했어요. **323** 사냥꾼은 저를 숲 속에 데려왔어요. **324** 사냥꾼은 친절했고요.

325

ハンターは私ににげなさいと言いました。
한타와 와타시니 니게나사이토 이이마시타
Huntsman said to run.

326

私は怖かったんです。
와타시와 코와캇탄데스
I was scared.

327

私は森の中を走りました。
와타시와 모리노 나카오 하시리마시타
I ran in the forest.

328

森は暗かったんです。
모리와 쿠라캇탄데스
The forest was dark.

해석

325 사냥꾼은 내게 도망가라고 말했어요. **326** 저는 무서웠어요. **327** 난 숲 속으로 달렸어요. **328** 숲은 어두웠구요.

329

私は、一晩中、走りました。
와타시와 히토반쥬 하시리마시타
I ran all night.

330

ずっとはしりました。
즛토 하시리마시타
I ran and ran.

331

私はとがった石の上を走りました。
와타시와 토갓타이시 노 우에 오 하시리마시타
I ran on sharp stones.

332

私はとげのあるつるの上も走りました。
와타시와 토게노 아루츠루노 우에모 하시리마시타
I ran on thorns.

해석

329 저는 밤새도록 달렸어요. **330** 달리고 또 달렸지요. **331** 나는 날카로운 돌 위로 내달렸어요. **332** 나는 가시 덩쿨 위도 달렸어요.

333

木が怖かったです。
키가 코와캇타데스
Trees looked scary.

334

動物も怖かったです。
도오부츠모 코와캇타데스
Animals looked scary.

335

私は足を痛めました。
와타시와 아시오 이타메마시타
My feet hurt.

336

傷あとができました。
키즈아토가 데키마시타
I have scratches.

해석

333 나무들은 무서워 보였습니다. **334** 동물들도 무서워 보였고요. **335** 제 발이 상처를 입었어요. **336** 긁혀서 상처가 났구요.

337

私は切り傷ができました。
와타시와 키리키즈가 데키마시타
I have cuts.

338

私は怖かったです。
와타시와 코와캇타데스
I was scared.

339

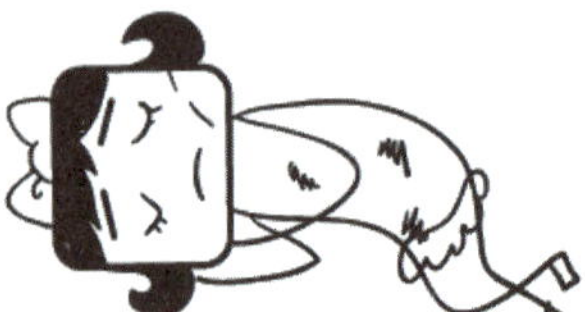

私は走るのを止めました。
와타시와 하시루노오 토메마시타
I stopped running.

340

私は木の下で寝こみました。
와타시와 코노시타데 네코미마시타
I slept under a tree.

해석

337 나는 베여서 상처가 났어요. **338** 저는 두려웠어요. **339** 나는 달리던 것을 멈추었어요.
340 나는 나무 밑에서 잠들었어요.

341

私は、森の中で起きました。

와타시와 모리노 나카데 오키마시타

I woke up in the forest.

342

森の中の動物たちが私を見つめていました。

모리노 나카노 도오부츠타치 가 와타시오 미츠메테 이마시타

Forest animals were watching me.

343

彼らは私に親しかったです。

카레라와 와타시니 시타시 캇타데스

They were friendly.

344

彼らは私をおびやかさなかったです。

카레라와 와타시오 오비야카사나캇타데스

They did not scare me.

해석

341 나는 숲 속에서 잠을 깼어요. **342** 숲 속의 동물들은 저를 쳐다보고 있었고요. **343** 그들은 제게 친근했어요. **344** 그들은 내게 겁을 주지 않았어요.

345

私は森の中を歩きました。

와타시와 모리노 나카오 아루키마시타

I walked in the forest.

346

森の中の動物たちも私と一緒に歩きました。

모리노 나카노 도부츠타치모 와타시토이쇼니 아르키마시타

Forest animals walked with me.

347

私は、明りを見ました。

와타시와 아카리오 미마시타

I saw a light.

348

それはあなたたちの窓の明かりでした。

소레와 아나타타치노 마도노 아카리데시타

The light in your window.

해석

345 나는 숲 속을 걸었어요. **346** 숲 속의 동물들도 저와 함께 걸었어요. **347** 나는 불빛을 보았어요. **348** 바로 당신들 창문 속의 불빛이요.

349

私は疲れていました。
와타시와 츠카레테이마시타
I was tired.

350

私は、家の中に入りました。
와타시와 이에노나카니 하이리마시타
I went inside.

351

私は家を掃除しました。
와타시와 이에오 소오지 시마시타
I cleaned the house.

352

私は野菜を食べました。
와타시와 야사이오 타베마시타
I ate the vegetables.

해석

349 나는 피곤했어요. **350** 나는 안으로 들어갔어요. **351** 전 집을 청소했고요. **352** 저는 채소들을 먹었어요.

353

私はパンも食べました。

와타시와 빵모 타베마시타

I ate the bread.

354

私は牛乳も飲みました。

와타시와 규우뉴우모 노미마시타

I drank the milk.

355

私はベッドで寝こみました。

와타시와 벳도데 네코미마시타

I slept in the bed.

356

彼らは、このすべてのことについて考えました。

카레라와 코노 스베테노 코토니 츠이테 캉가에마시타

They thought about all this.

해석

353 나는 빵도 먹었어요. **354** 우유도 마셨구요. **355** 나는 침대에서 잠들었어요. **356** 그들은 이 모든 것들에 대해 생각했어요.

357

彼らは白雪姫のために泣きました。

카레라와 시라유키히메노 노타메니 나키마시타

They cried for Snow White.

358

彼らは白雪姫のためにとても悲しかったです。

카레라와 시라유키히메노 타메니 토테모 카나시캇타데스

They were sad for Snow White.

359

七人の小人は白雪姫が好きでした。

시츠닌노코비토와 시라유키히메가 스키데시타

The seven dwarfs liked Snow White.

360

彼らは話しあいました。

카레라와 하나시아이마시타

They talked to each other.

해석

357 그들은 백설공주를 위해 울었어요. **358** 그들은 백설공주 때문에 너무 슬펐고요. **359** 일곱 난쟁이는 백설공주를 좋아했어요. **360** 그들은 서로 말했습니다.

361

Grumpyは王妃が怖かったんです。

Grumpy와 오우히가 코와캇탄데스

Grumpy was afraid of the Queen.

362

彼女は悪魔でした。

카노죠와 아쿠마데시타

She was evil.

363

王妃は家にいる白雪姫おきっと捜せるだろう。

오우히와 이에니 이루 시라유키히메오 깃토 사가세루다로우

Queen could find Snow White at the house.

364

彼女は七人の小人を傷つけるかもしれません。

카노죠와 시츠닌노코비토오 키즈츠케루 카모시레마셍

She could hurt the seven dwarfs.

해석

361 Grumpy는 왕비가 무서웠어요. **362** 그녀는 악마였습니다. **363** 여왕은 집에 있는 백설 공주를 찾을 수 있을 거에요. **364** 그녀는 일곱 난쟁이를 다치게 할지도 몰라요.

365

白雪姫は自分がここにいるのを王妃がしらないといいました。
시라유키히메와 지분가 코코니 이루노오 오우히가 시라나이토 이이마시타
Snow White said Queen doesn't know I am here.

366

他の小人たちは白雪姫が好きです。
호카노 코비토타치와 시라유키히메가 스키데스
The other dwarfs like Snow White.

367

彼らは彼女がここにいるのを望んでいました。
카레라와 카노죠가 코코니이루노오 노존데 이마시타
They wanted her to stay.

368

彼らは白雪姫に質問をしました。
카레라와 시라유키히메니 시츠몬오 시마시타
They asked Snow White a question.

해석

365 백설공주는 자기가 여기 있다는 것을 왕비가 모른다고 말했어요. **366** 다른 난쟁이들은 백설공주를 좋아해요. **367** 그들은 그녀가 여기에 머물러주기를 원했어요. **368** 그들은 백설공주에게 질문을 했습니다.

369

掃除できましょうか?

쇼오지데키마쇼우카?

Will she clean the floor?

370

料理できましょうか?

료오리데키마쇼우카?

Will she cook the food?

371

洗濯もできましょうか?

센타쿠모데키마쇼우카?

Will she wash the clothes?

372

着物も縫ってくれることもできますか?

키모노모 누테쿠레루코토모데키마스카?

Will she sew the clothes?

해석

369 바닥을 청소할 수 있어요? **370** 음식을 만들어 줄 수 있어요? **371** 빨래도 해줄 수 있어요? **372** 옷을 꿰매어 줄 수 있어요?

373

彼女は彼らと一緒に留まることができます。

카노죠 와 카레라토 이쇼니 토마루 코토가 데키마스

She can stay with them.

374

彼女ははいと答えました。

카노죠와 하이토 코테마시타

She said yes.

375

白雪姫は七人の小人に問きました。

시라유키히메와 시츠닌노코비토니 키키마시타

Snow White asked the seven dwarfs a question.

376

夕食の前に洗いますか?

요오쇼쿠노 마에니 아라이마스카?

Will you wash before dinner?

해석

373 그녀는 그들과 함께 머물 수 있어요. **374** 그녀는 네 라고 대답했어요. **375** 백설공주는 일곱 난장이에게 물었습니다. **376** 저녁 먹기 전에 씻을 건가요?

377

彼らが言いました。どうして洗わなければならないんですか?

카레라가 이마시타. 도오시테 아라와나케레바 나라나이 인데스 카?

They said why wash?

378

彼らは洗いが好きではありませんでした。

카레라와 아라이가 스키데와 아리마센데시타

They did not like to wash.

379

でも彼らは洗いました。

데모 카레라와 아라이마시타

But, they did wash.

380

彼らは幸せでした。

카레라와 시아와세데시타

They were happy.

해석

377 그들이 말했습니다. 왜 씻어야 해요? **378** 그들은 씻는 것을 좋아하지 않았습니다. **379** 그러나, 그들은 씻었네요. **380** 그들은 행복했습니다.

381

彼らは白雪姫の周りで踊りました。

카레라와 시라유키히메노 마와리데 오도리마시타

They danced around Snow White.

382

彼らは萬歳と叫びました。

카레라와 반자이토 사케비마시타

They said Hooray!!

383

彼女は幸せでした。

카노조와 시아와세마시타

She was happy.

384

彼女は安全でした。

카노조와 안젠데시타

She was safe.

해석

381 그들은 백설공주 주위를 돌며 춤을 췄습니다. **382** 그들은 Hooray!! (만세)라고 소리쳤습니다. **383** 그녀는 행복했어요. **384** 그녀는 안전했고요.

385

彼女は絶対離れたくありませんでした。

카노죠 와 젯타이 하나레타쿠 아라이마센데시타

She never wanted to leave.

386

彼女は七人の小人を愛しました。

카노조와 시츠닌노코비토오 아이시마시타

She loved the seven dwarfs.

387

彼女はその家を愛しました。

카노조와 소노이에오 아이시마시타

She loved the house.

388

彼女は彼らの世話をしました。

카노죠와 카레라노세와오 시마시타

She would take care of them.

해석

385 그녀는 절대 떠나고 싶지 않았어요. **386** 그녀는 일곱 난쟁이를 사랑했어요. **387** 그녀는 그 집을 사랑했어요. **388** 그녀는 그들을 돌보고 싶었어요.

389

七人の小人は幸せでした。
시츠닌노코비토와 시아와세데시타
The seven dwarfs were happy.

390

彼女は彼らを世話しました。
카노조와 카레라오 세와시마시타
She took care of them.

391

彼女はその家を整理しました。
카나조와 소노 이에오 세이리 시마시타
She took care of the house.

392

彼女は森の中の動物たち世話しました。
카노죠와 모리노 나카노 도부츠타치오 칸세와시마시타
She took care of the forest animals.

해석

389 일곱 난쟁이는 행복했습니다. **390** 그녀는 그들을 돌보았어요. **391** 그녀는 그 집을 정리했어요. **392** 그녀는 숲 속의 동물들도 돌보았어요.

393

七人の小人は仕事に行きました。

시츠닌노코비토와 시고토니 이키마시타

The seven dwarfs went to work.

394

彼らはつるはしを取りそろえました。

카레라와 츠르하시오 토리소로에마시타

They got their picks.

395

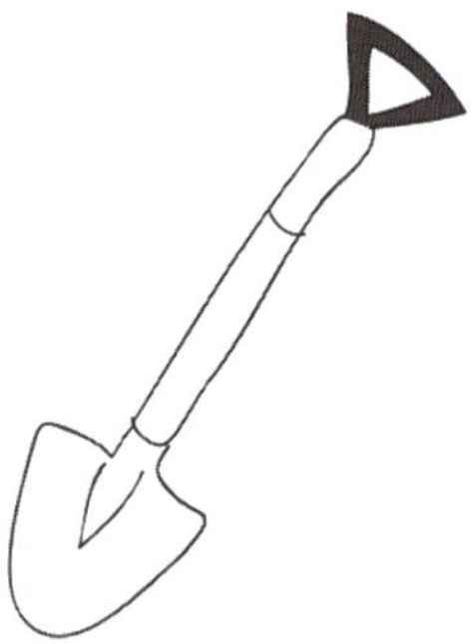

彼らは、シャベルを取りそろえました。

카레라와 샤베르오 토리소로에마시타

They got their shovels.

396

彼らはトくるまを取りそろえました。

카레라와 쿠루마오 토리소로에마시타

They got their wagons.

해석

393 일곱 난쟁이는 일하러 나갔습니다. **394** 그들은 곡괭이를 챙겼어요. **395** 그들은 삽을 챙겼구요. **396** 그들은 수레도 챙겼습니다.

397

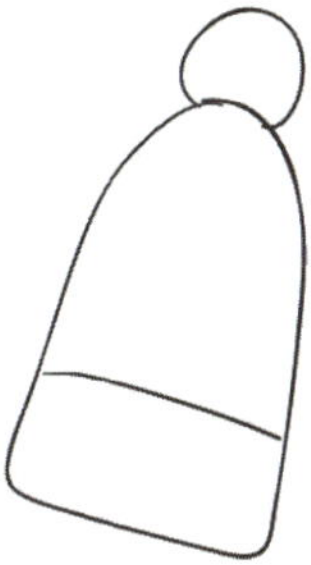

彼らは帽子をかぶりました。
카레라와 보오시오 카부리마시다
They wore their hats.

398

彼らはコートを着ました。
카레라와 코오토오 키마시타
They wore their jackets.

399

彼らは懐中電灯を取りそろえました。
카레라와 카이쥬우덴토오오 토리소로에마시타
They got their lanterns.

400

彼らは仕事に出ました。
카레라와 시고토니 데마시타
They went to work.

해석

397 그들은 모자를 썼습니다. **398** 그들은 외투를 입었어요. **399** 그들은 손전등을 챙겼고요. **400** 그들은 일하러 나갔습니다.

401

彼らは仕事しに行きながら歌を歌います。

카레라와 시고토시니 기나가라 타오우타이마스

They sing on the way to work.

402

遠く離れていました。

토오쿠하나레테 이마시타

It was far away.

403

彼らはただ家にいたかったです。

카레라와 타다이에니 이타캇타데스

They wanted to stay home.

404

彼らは白雪姫とともにいたかったです。

카레라와 시라유키히메토 토모니 이타캇타데스

They wanted to stay with Snow White.

해석

401 그들은 일하러 가면서 노래를 불러요. **402** 그곳은 멀리 떨어져 있었고. **403** 그들은 그냥 집에 머물고 싶었지요. **404** 그들은 백설공주와 함께 있고 싶었어요.

405

七人の小人は幸せでした。

시츠닌노 코비토와 시아와세데시타

The seven dwarfs were happy.

406

毎日彼らは鉱山に出かけました。

마에니치 카레라와 코오잔니 데카케마시타

Every day they left for the mine.

407

毎日彼らは白雪姫がいる家に帰りました。

마에니치 카레라와 시시라유키히메가 이루 이에니 카에리마시타

Every day they came home to Snow White.

408

彼らは白雪姫に合いたかったんです。

카레라와 시라유키히메니 아이타캇탄데스

They loved to see Snow White.

해석

405 일곱 난쟁이는 행복했지요. **406** 매일 그들은 광산으로 떠났습니다. **407** 매일 그들은 백설공주가 있는 집으로 왔어요. **408** 그들은 백설공주를 보고 싶었지요.

409

すべての人たちは白雪姫を愛しました。
스베테노 히토타치와 시라유키히메오 아이시마시타
Everyone loved Snow White.

410

白雪姫は森で過ごすのが好きでした。
시라유키히메와 모리데스고스노가 스키데시타
Snow White loved living in the forest.

411

もうこれ以上恐ろしくありませんでした。
모우 코레이죠우 오소로시쿠아리마센데시타
It was not scary any more.

412

彼女は森を恐ろしくありませんでした。
카노조와 모리오 소로시쿠아리마센데시타
She was not afraid of the forest.

해석

409 모든 사람들은 백설공주를 사랑했습니다. **410** 백설공주는 숲에 사는 것을 좋아했어요. **411** 이제는 더 이상 두렵지 않았고요. **412** 그녀는 숲이 두렵지 않았답니다.

413

七人の小人は白雪姫を失いたくありませんでした。

시츠닌노코비토와 시라유키히메오 우시나이다쿠 아리마셍데시타

Seven dwarfs did not want to lose Snow White.

414

彼らは王妃が怖かったんです。

카레라와 오오히가 코와캇탄데스

They were afraid of the Queen.

415

彼らは王妃が彼女を探すのをほしがらなかったんです。

카레라와 오우히가 카노죠오 사가스노오 호시가라나캇탄데스

They did not want the Queen to find her.

416

彼らは彼女に気をつけてと話しました。

카레라와 카노죠니 키오츠케테토 하나시마시타

They told her to be careful.

해석

413 일곱 난쟁이는 백설공주를 잃고 싶지 않았어요. **414** 그들은 왕비가 무서웠습니다. **415** 그들은 왕비가 그녀를 찾아내기를 원치 않았어요. **416** 그들은 그녀에게 조심하라고 말했어요.

417

王妃は彼女を殺したかったです。
오우히와 카노죠오 코로시타캇타데스
The Queen wants to kill her.

418

白雪姫は彼らの言葉をちゃんと聞きました。
시라유키히메와 카레라노 코토바오 챠토 키키마시타
Snow White listened to them.

419

白雪姫は幸せでした。
시라유키히메와 시아와세데시타
Snow White was happy.

420

白雪姫は料理を準備しました。
시라유키히메와 료오리오 쥰비시마시타
Snow White cooked the food.

해석

417 왕비는 그녀를 죽이고 싶었습니다. **418** 백설공주는 그들의 말을 새겨들었어요. **419** 백설공주는 행복했어요. **420** 백설공주는 음식을 장만했습니다.

421

彼女は家を掃除しました。

카노죠와 이에오 쇼오지 시마시타

She cleaned the house.

422

彼女は、森の中で遊びました。

카노죠와 모리노 나카데 아소비마시타

She played in the forest.

423

彼女は鳥たちと一緒に遊びました。

카노죠와 토리타치토 잇쇼니 아소비마시타

She played with the birds.

424

彼女はウサギたちと一緒に遊びました。

카노죠와 우사기타치토 잇쇼니 아소비마시타

She played with the rabbits.

해석

421 그녀는 집을 청소했고요. **422** 그녀는 숲 속에서 놀았답니다. **423** 그녀는 새들과 함께 놀았고요. **424** 그녀는 토끼들과 함께 놀았지요.

425

彼女はリスたちと一緒に遊びました。
카노죠와 리스타치토 잇쇼니 아소비마시타
She played with the squirrels.

426

彼女はすべての動物たちと一緒に遊びました。
카노죠와 스베테노 도부츠타치토 잇쇼니 아소비마시타
She played with all the animals.

427

白雪姫は幸せでした。
시라유키히메와 시아와세데시타
Snow White was happy.

428

城に帰って見ましょうか。
시로니 카에테 미마쇼오우카
Back at the castle

해석

425 그녀는 다람쥐들과도 함께 놀았습니다. **426** 그녀는 모든 동물들과 함께 놀았지요. **427** 백설공주는 행복했어요. **428** 성으로 돌아가 볼까요.

429

王妃は幸せでした。

오우히와 시아와세데시타

Queen was happy.

430

彼女は白雪姫を思いました。

카노죠와 시라유키히메오 오모이마시타

She thought about Snow White.

431

王妃は彼女が死んだと思っていました。

오우히와 카노죠가 신다토 오못테이마시타

Queen thought she was dead.

432

王妃は魔法の鏡に声をかけました。

오우히와 마호오노 카가미니 코에오 카케마시타

Queen talked to magic mirror.

해석

429 왕비도 행복했어요. **430** 그녀는 백설공주를 생각했지요. **431** 왕비는 그녀가 죽었다고 생각했습니다. **432** 왕비는 마법 거울에게 말을 걸었어요.

433

魔法の鏡が白雪姫が生きていると話しました。

마호오노카가미가 시라유키히메가 이키테 이루토 하나시마시타

Magic mirror said Snow White is alive.

434

王妃は魔法の鏡を信じませんでした。

오우히와 마호오노카가미오 신지마센데시타

Queen did not believe magic mirror.

435

彼女はいやと答えました。

카노죠와 이야토 코타에마시타

She said no.

436

魔法の鏡は自分はうそをしないと言いました。

마호오노 카가미와 지분와 우소오 시나이토이마시타

Magic mirror said I do not lie.

해석

433 마법거울은 백설공주가 살아있다고 했습니다. **434** 왕비는 마법거울을 믿지 않았어요. **435** 그녀는 아니라고 말했어요. **436** 마법거울은 자기는 거짓말을 하지 않는다고 했어요.

437

王妃は驚きました。
오우히와 오도로키마시타
Queen was surprised.

438

王妃は腹が立ちました。
오우히와 하라가 타치마시타
Queen was mad.

439

魔法の鏡は嘘をつきませんでした。
마호오노카가미와 우소오 츠키마센데시타
Magic mirror did not lie.

440

彼女は白雪姫を殺したかったです。
카노죠와 시라유키히메오 코로시타캇타데스
She wanted to kill Snow White.

해석

437 왕비는 놀랐습니다. **438** 왕비는 화가 났구요. **439** 마법거울은 거짓말을 하지 않았어요. **440** 그녀는 백설공주를 죽이고 싶었습니다.

441

彼女には計画がありました。

카노죠니와 케이카쿠가 아리마시타

She had a plan.

442

彼女は城に行きました。

카노죠와 시로니 이키마시타

She went in the castle.

443

彼女は階段を下りました。

카노죠와 카이단오 오리마시타

She went down the stairs.

444

彼女は小さな部屋に入りました。

카노죠와 치이사나 헤야니 하리마시타

She went into a small room.

해석

441 그녀에겐 계획이 있었어요. **442** 그녀는 성 안으로 갔습니다. **443** 그녀는 계단을 내려갔고요. **444** 그녀는 작은 방으로 들어갔어요.

445

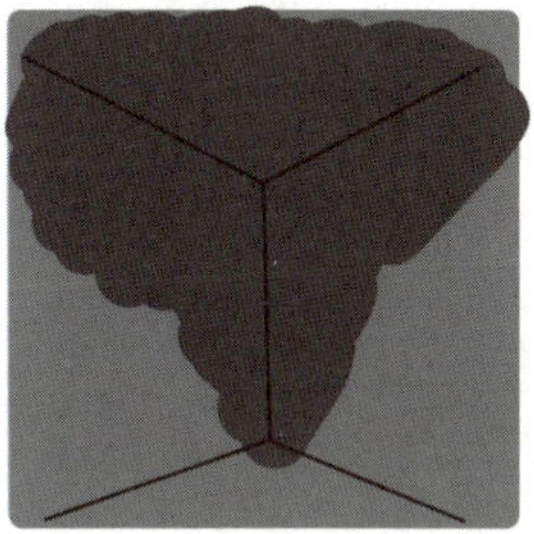

彼女は暗い部屋に入りました。
카노죠와 쿠라이 헤야니 하리마시타
She went into a dark room.

446

彼女は自分の魔法の本を取りそろえました。
카노죠와 지분노 마호오노 혼오 토리소로에마시타
She got her magic book.

447

彼女は毒を作りました。
카노죠와 도쿠오 츠쿠리마시타
She made some poison.

448

彼女は寝こむようにする毒を作りました。
카노죠와 네코무요오니 스르도쿠오 츠쿠리마시타
She made a sleeping poison.

해석

445 그녀는 어두운 방 안으로 들어갔어요. **446** 그녀는 자신의 마법 책을 챙겼습니다. **447** 그녀는 어떤 독을 만들었어요. **448** 그녀는 만든 것은 잠이 오게 하는 독이었어요.

449

彼女はりんごに毒を入れました。

카노죠와 링고니 도쿠오 이레마시타

She put poison in an apple.

450

彼女は毒りんごを作りました。

카노죠와 도쿠링고오 츠쿠리마시타

She made a poison apple.

451

それは本物のりんごのように見えました。

소레와 혼모노링고노 요오니 미에마시타

It looked like a real apple.

452

それは美しかったです。

소레와 우츠쿠시캇타데스

It was beautiful.

해석

449 그녀는 사과에다가 독을 넣었어요. **450** 그녀는 독 사과를 만들었어요. **451** 그것은 진짜 사과처럼 보였고요. **452** 그것은 아름답기도 했어요.

453

それはまるかったです。

소레와 마루캇타데스

It was round.

454

それは赤いです。

소레와 아카이데스

It was red.

455

それはぴかぴかしました。

소레와 피카피카시마시타

It was shiny.

456

そのりんごを一口食べると死にます。

소노 링고오 히토구치 타베루토 시니마스

One bite of the apple kills.

해석

453 그것은 동그란 모습이었어요. **454** 그것은 빨갛구요. **455** 그것은 반짝반짝 빛이 났어요.
456 그 사과 한입을 먹게 되면 죽게 됩니다.

457

王妃は準備ができました。

오우히와 준비가 데키마시타

Queen was ready.

458

彼女は直接白雪姫を殺すつもりです。

카노죠와 촉세츠 시라유기히메오 코로스 츠모리데스

She will kill Snow White herself.

459

誰も知らないだろう。

다레모 시라나이다로우

No one will know.

460

王妃は、変装をします。

오우히와 헨소오오 시마스

Queen changes herself.

해석

457 왕비는 준비를 마쳤어요. **458** 그녀는 직접 백설공주를 죽일 생각입니다. **459** 아무도 모를 거야. **460** 왕비는 변장을 합니다.

461

彼女は年老いた顔でした。
카노죠와 토시오이타카오데시타
Her face is old.

462

彼女はボロボロした服を着ていました。
카노죠와 보로보보시타 후쿠오 키테이마시타
Her clothes are old.

463

彼女の髪は白髪に変わりました。
카노죠노 카미와 시라가니 카와리마시타
Her hair turns white.

464

彼女の靴も古くなりました。
카노죠노 쿠츠모 후루크나리마시타
Her shoes are old.

해석

461 그녀의 얼굴은 나이를 먹었습니다. **462** 그녀는 낡은 옷을 입고있습니다. **463** 그녀의 머리는 백발로 변했어요. **464** 그녀의 신발도 낡은 것이에요.

465

彼女の声が変わりました。

카노죠노 코에가 카와리마시타

Her voice changes.

466

彼女は老婆のように見えます。

카노죠와 로오바노 요오니 미에마스

She looks like an old woman.

467

彼女は老婆のようにはなします。

카노죠와 로오바노 요오니 하나시마스

She sounds like an old woman.

468

王妃は魔法の鏡に聞きました。

오우히와 마호오노카가미니 키키마시타

Queen asked magic mirror.

해석

465 그녀는 목소리가 바꾸었어요. **466** 그녀는 노파처럼 보여요. **467** 그녀는 소리도 노파처럼 냅니다. **468** 왕비는 마법거울에게 물었지요.

469

白雪姫はどこですか?
시라유키히메와 도코데스카?
Where is Snow White?

470

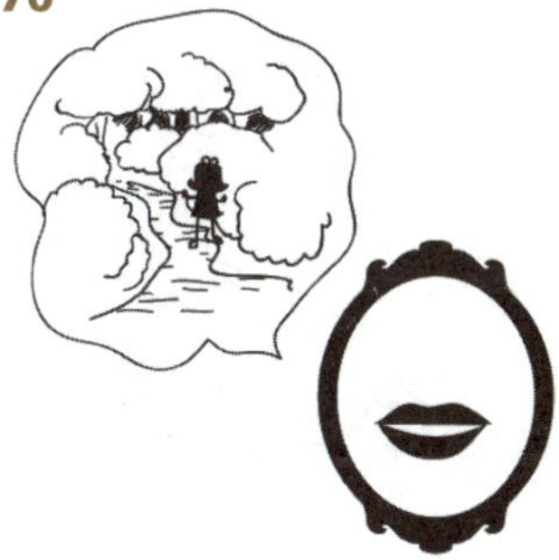

魔法の鏡は王妃に見せてくれました。
마호오노카가미와 오우히니 미세테 쿠레마시타
Magic mirror showed Queen.

471

白雪姫は森の中にいます。
시라유키히메와 모리노 나카니 이마스
Snow White is in the forest.

472

白雪姫は小さな家にいます。
시라유키히메와 치이사나 우치니 이마스
Snow White is in a small house.

해석

469 백설공주는 어디에 있지? **470** 마법 거울은 여왕에게 보여주었습니다. **471** 백설공주는 숲 속에 있어요. **472** 백설공주는 작은 집 안에 있어요.

473

白雪姫は七人の小人と一緒に住んでいます。
시라유키히메와 시츠닌노코비토토 이쇼니 슨데이마스
Snow White is with seven dwarfs.

474

白雪姫は幸せです。
시라유키히메와 시아와세데스
Snow White is happy.

475

白雪姫は安全です。
시라유키히메와 안젠데스
Snow White is safe.

476

王妃は城を出発しました。
오우히와 시로오 슛파츠 시마시타
Queen left the castle.

해석

473 백설공주는 일곱 난쟁이와 함께 있지요. **474** 백설공주는 행복합니다. **475** 백설공주는 안전하고요. **476** 왕비는 성을 떠났습니다.

477

彼女は王妃のようには見えませんでした。
카노죠와 오우히노 요오니 미에마센데시타
She did not look like the Queen.

478

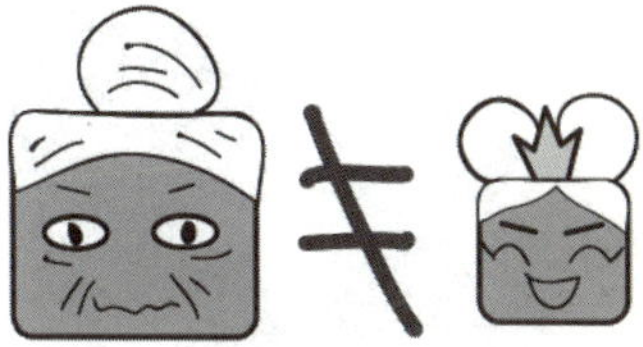

彼女は城を出発しました。
카노죠와 시로오 슛파츠 시마시타
She left the castle.

479

王妃は森に行きました。
오우히와 모리니 이키마시타
Queen went to the forest.

480

彼女は遠くまで行きました。
카노죠와 토오쿠 마데이키마시타
She went far away.

해석

477 그녀는 왕비처럼 보이지 않았어요. **478** 그녀는 성을 떠났습니다. **479** 왕비는 숲으로 갔습니다. **480** 그녀는 멀리 갔어요.

481

彼女は城を出発しました。
카노죠와 시로오 슛파츠 시마시타
She left the castle.

482

王妃は森に行きました。
오우히와 모리니 이키마시타
Queen went to the forest.

483

彼女は遠く離れました。
카노죠와 토오쿠 하나레마시타
She went far away.

484

彼女は白雪姫を探していました。
카노죠와 시라유키히메오 사가시테 이마시타
She looked for Snow White.

해석

481 그녀는 성을 떠났지요. **482** 왕비는 숲으로 갔습니다. **483** 그녀는 멀리 떠났습니다.
484 그녀는 백설공주를 찾고 있었어요.

485

七人の小人は、鉱山のために家を空けていました。

시츠닌노코비토와 코오잔노 타메니 이에 오 아케테 이마시타

Seven dwarfs were leaving for the mines.

486

王妃はドアに向かって歩いて行きました。

오우히와 도아니 므카테 아루이테 이키마시타

Queen walked to the door.

487

彼女はドアを叩きました。

카노죠와 도아오 타타키마시타

She knocked on the door.

488

白雪姫はノック音を聞きました。

시라유키히메와 노쿠오토오 키키마시타

Snow White heard the knock.

해석

485 일곱 난쟁이는 광산에 가느라 집을 비우고 있었어요. **486** 왕비는 문을 향해 걸어갔습니다. **487** 그녀는 문을 두드렸어요. **488** 백설공주는 노크 소리를 들었어요.

489

彼女は台所にいました。

카노죠와 다이도코로니 이마시타

She was in the kitchen.

490

誰ですか？

다레데스카?

Who is there?

491

彼女は恐ろしかったです。

카노조와 오소로시캇타데스

She was scared.

492

七人の小人は彼女に気をつけてと話しました。

시츠닌노코비토와 카노죠니 키오츠케테토 하나시마시타

Seven Dwarfs told her to be careful.

해석

489 그녀는 부엌에 있었습니다. **490** 누구세요? **491** 그녀는 겁이 났어요. **492** 일곱 난쟁이는 그녀에게 조심하라고 말했었지요.

493

ドアを開けないでください。
도아오 아케나이데 쿠다사이
Do not open the door.

494

王妃は悪魔です。
오우히와 아쿠마데스
The Queen is evil.

495

白雪姫はドアを開けませんでした。
시라유키히메와 도아오 아케마센데시타
Snow White did not open the door.

496

彼女は窓に行きました。
카노죠와 마도니 이키마시타
She went to the window.

해석

493 문을 열지 마세요. **494** 왕비는 악마입니다. **495** 백설공주는 문을 열지 않았어요. **496** 그녀는 창문으로 다가 갔어요.

497

彼女は窓の外を見ました。

카노죠와 마도노 소토오 미마시타

She looked out the window.

498

彼女は家の中に誰も入れませんでした。

카노죠와 이에노나카니 다레모 이레마센데시타

She did not let anyone inside.

499

彼女は老婆を見ました。

카노죠와 로오바오 미마시타

She saw an old woman.

500

白雪姫は彼女を知りませんでした。

시라유키히메와 카노죠오 시리마센데시타

Snow White did not know her.

해석

497 그녀는 창문 밖을 바라보았습니다. **498** 그녀는 집안에는 아무도 들여보내지 않았어요.
499 그녀는 한 노파를 보았어요. **500** 백설공주는 그녀가 누군지 알지 못했어요.

501

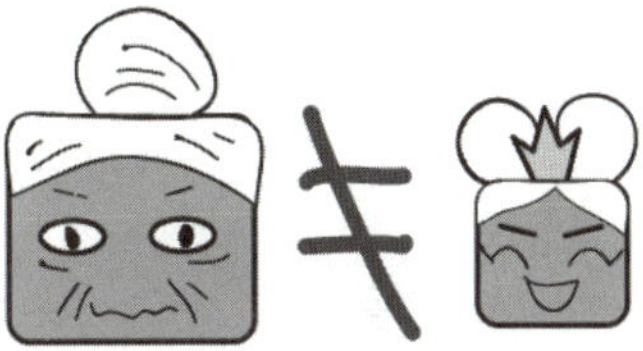

その老婆は王妃のように見えませんでした。

소노 로오바와오우히노 요오니 마에마센데시타

Old woman did not look like Queen.

502

彼女は王妃のように声を出しませんでした。

카노죠와 오우히노 요오니 코에오 다시마센데시타

She did not sound like the Queen.

503

白雪姫は恐ろしくありませんでした。

시라유키히메와 오소로시쿠아리마센데시타

Snow White was not afraid.

504

老婆はかごを持っていました。

로오바와 카고오 못테 이마시타

Old woman had a basket.

해석

501 노파는 왕비처럼 보이지 않았어요. **502** 그녀는 왕비처럼 소리내지 않았어요. **503** 백설공주는 두렵지 않게 되었어요. **504** 노파는 바구니를 가지고 있었습니다.

505

それは大きなかごでした。
소레와 오오키나 카고데시타
It was a big basket.

506

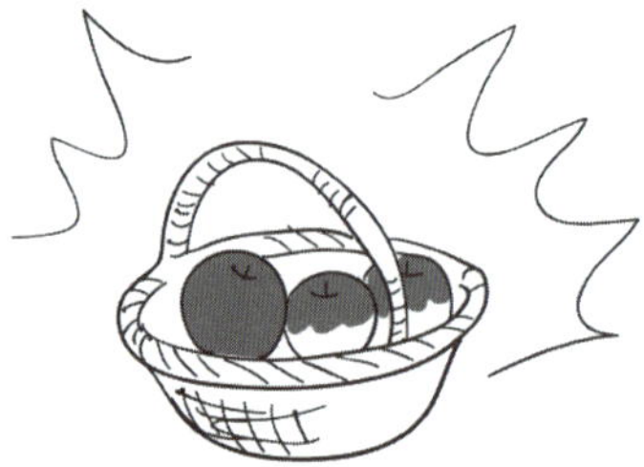

かごの中にりんごがありました。
카고노 나카니 링고가 아리마시타
Apples were in the basket.

507

老婆はりんごをたくさん持っていました。
로오바와 링고오 타쿠센 못테 이마시타
Old woman had lots of apples.

508

りんごはおいしそうでした。
링고와 오이시소우데시타
Apples looked good.

해석

505 그것은 큰 바구니였어요. **506** 바구니 안에는 사과들이 있었습니다. **507** 노파는 사과를 많이 가지고 있었지요. **508** 사과들은 먹음직스러워요.

509

りんごは奇麗いでした。
링고와 키레이데시타
Apples looked beautiful.

510

とてもまんまるいりんごでした。
토테모 맘마루이 링고데시타
They were round.

511

それらは赤いです。
소레라와 아카이데스
They were red.

512

それらは光りました。
소레라와 히카리마시타
They were shiny.

해석

509 사과들은 예쁘기도 했어요. **510** 그것들은 둥글둥글 했어요. **511** 그것들은 빨갛구요.
512 그것들은 빛이 났습니다.

513

その老婆は彼女にりんごがほしですかと聞いてみました。
소노 로오바와 카노죠니 링고가 호시이데스카토 키이테 미마시타
Old woman asked if she wanted an apple.

514

白雪姫はりんごが要らないと言いました。
시라유키히메와 링고가 이라 나이토 이마시타
Snow White said I don't need apples.

515

白雪姫はりんごが好きです。
시라유키히메와 링고가 스키데스
Snow White liked apples.

516

白雪姫はりんごが欲しかった。
시라유키히메와 링고가 호시캇타
Snow White wanted an apple.

해석

513 노파는 그녀에게 사과를 원하냐며 물어봤습니다. **514** 백설공주는 사과가 필요없다고 말했어요. **515** 백설공주는 사과를 좋아했지요. **516** 백설공주는 사과를 갖고 싶었어요.

517

老婆は彼女にりんごを見せてあげました。

로오바와 카노죠니 링고오 미세테아게마시타

Old woman showed her the apples.

518

老婆はあなたにただりんごをあげますよ言いました。

로오바와 아나타니 타다 링고오 아게마스요 도이마시타

Old woman said I will just give you an apple.

519

白雪姫はりんごを選ぼうとしました。

시라유키히메와 링고오 에라보우토시마시타

Snow White wanted to pick her apple.

520

老婆はそうしてはいけないと言いました。

로오바와 소우시테와 이케나이토 이이마시타

Old woman said no.

해석

517 노파는 그녀에게 사과를 보여주었어요. **518** 노파는 말했어요. "내가 당신에게 단지 사과만 줄게요." **519** 백설공주는 사과를 고르려고 했어요. **520** 노파는 그건 안 된다고 말했습니다.

521

老婆は彼女に毒りんごをくれました。

로오바와 카노죠니 도쿠링고오 쿠레마시타

Old woman gave her poison apple.

522

彼女はそれが一番おいしいりんごだと言いました。

카노죠 와 소레가 이치반 오이시이 링고다토 이이마시타

She said it was the best apple.

523

白雪姫はそのりんごを見ました。

시라유키히메와 소노 링고오 미마시타

Snow White looked at the apple.

524

それは丸いりんごでした。

소레와 마루이 링고데시타

It was a round apple.

해석

521 노파는 그녀에게 독 사과를 주었습니다. **522** 그녀는 그것이 가장 좋은 사과라고 말했지요.
523 백설공주는 그 사과를 보았습니다. **524** 그것은 둥글둥글한 사과였습니다.

525

それはあかいりんごでした。
소레 와 아카이 링고데시타
It was a red apple.

526

それは輝くりんごでした。
소레와 카가야꾸 링고데시타
It was a shiny apple.

527

それは美しいりんごでした。
소레와 우츠쿠시 링고데시타
It was a beautiful apple.

528

白雪姫はりんごを一口噛みました。
시라유키히메와 링고오 히토쿠치카미마시타
Snow White bit the apple.

해석

525 그것은 빨간 사과였고요. **526** 그것은 빛나는 사과였어요. **527** 그것은 아름답기도 한 사과였어요. **528** 백설공주는 사과를 한 입 깨물었어요.

529

彼女は一口かじって食べました。

카노죠와 히토쿠치 카짓테 타베마시타

She took one bite.

530

彼女は床に倒れました。

카노죠와 유카니 타오레마시타

She fell to the ground.

531

りんごは床に落ちた。

링고와 유카니 오치타

The apple fell to the ground.

532

王妃は彼女が倒れるのを見ました。

오우히와 카노죠가 타오레루노오 미마시타

Queen watched her fall.

해석

529 그녀는 한 입 베어 먹었어요. **530** 그녀는 바닥으로 쓰러졌습니다. **531** 사과가 바닥으로 떨어졌구요. **532** 왕비는 그녀가 쓰러지는 것을 보았어요.

533

王妃はとても幸せでした。
오우히와 토테모 시아와세데시타
Queen was very happy.

534

白雪姫は動きませんでした。
시라유키히메와 우고키마센데시타
Snow White did not move.

535

白雪姫は息をしませんでした。
시라유키히메와 이키오 시마셍데시타
Snow White did not breathe.

536

白雪姫は、死にました。
시라유키히메와 시니마시타
Snow White was dead.

해석

533 왕비는 매우 행복해졌어요. **534** 백설공주는 움직이지 않았습니다. **535** 백설공주는 숨을 쉬지 않았어요. **536** 백설공주는 죽었습니다.

537

誰も白雪姫を助けることができませんでした。

다레모 시라유키히메오 타스케루 코토가 데키마센데시타

No one could help Snow White.

538

王妃は笑いました。

오우히와 와라이마시타

Queen laughed.

539

王妃は幸せでした。

오우히와 시아와세데시타

Queen was happy.

540

王妃は森を抜け出しました。

오우히와 모리오 누케다시마시타

Queen ran through the forest.

해석

537 아무도 백설공주를 도울 수가 없었어요. **538** 왕비는 웃었습니다. **539** 왕비는 행복했습니다. **540** 왕비는 숲을 빠져나갔어요.

541

王妃は城に戻りました。

오우히와 시로니 모도리마시타g

Queen returned to the castle.

542

王妃は魔法の鏡を捜しました。

오우히와 마호오노카가미오 사가시마시타

Queen found magic mirror.

543

王妃は魔法の鏡に聞きました。

오우히와 마호오노카가미니 키키마시타

Queen asked magic mirror.

544

この世の中で 誰が一番綺麗ですか?

코노요노나카데 다레가 이치반 키레이데스카?

Who is most beautiful?

해석

541 왕비는 성으로 돌아왔어요. **542** 왕비는 마법 거울을 찾았어요. **543** 왕비가 마법 거울에게 물었습니다. **544** 이 세상에서 누가 가장 아름답지?

545

魔法の鏡はうそをつきません。

마호오노카가미와 우소오 츠키마셍

Magic mirror does not lie.

546

魔法の鏡は王妃だと答えました。

마호오노카가미와 오우히다토 코타에마시타

Magic mirror answered the Queen.

547

王妃が一番美しいです。

오우히가 이치방 우츠쿠시이데스

Queen was most beautiful.

548

魔法の鏡は白雪姫が死んだと言いました。

마호오노카가미와 시로유키히메가 신다토 이이마시타

Magic mirror said Snow White was dead.

해석

545 마법 거울은 거짓말을 하지 않습니다. **546** 마법거울은 왕비라고 대답했어요. **547** 왕비가 가장 아름다워요. **548** 마법거울은 백설공주가 죽었다고 했습니다.

549

あの日 夜遅く。

아노히 요루오소쿠

Later that day

550

七人の小人たちは鉱山を出ました。

시츠닌노코비토타치와 코오잔오 데마시타

Seven dwarfs left the mine.

551

空は眞っ暗でした。

소라와 맛쿠라데시타

The sky was dark.

552

暴風が吹きつけました。

보오후우가 후키츠케마시타

There was a storm.

해석

549 그날 느즈막하게. **550** 일곱 난쟁이들은 광산을 떠났습니다. **551** 하늘은 어두웠고요. **552** 폭풍이 몰아쳤어요.

553

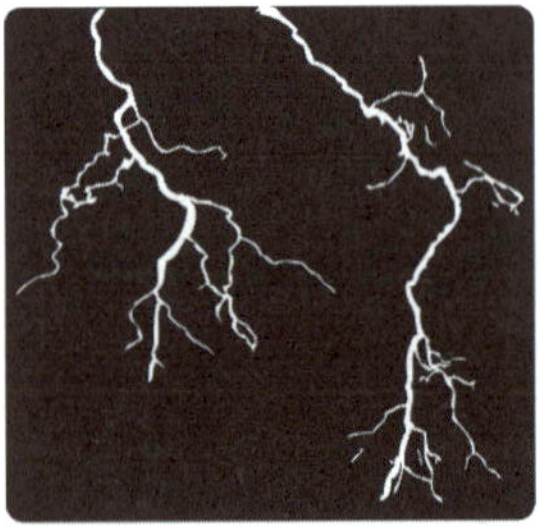

稲妻もしました。

이나즈마모 시마시타

There was lightning.

554

彼らは急いで家へ行きました。

카레라와 이소이데 이에에 이키마시타

They hurried home.

555

彼らは各自の懐中電灯を持っていました。

카레라와 카쿠지노 카이쥬우텐토오 못테이마시타

They carried their lanterns.

556

彼らは各自のつるはしを持っていました。

카레라와 카쿠지노 츠루하시오 못테이마시타

They carried their picks.

해석

553 번개도 쳤습니다. **554** 그들은 서둘러 집으로 갔습니다. **555** 그들은 각각 손전등을 지녔습니다. **556** 그들은 각자 곡괭이도 지녔어요.

557

彼らは各自のシャベルを持っていました。

카레라와 카쿠지노 사베루오 못테이마시타

They carried their shovels.

558

彼らは各自のくるまをひきました。

카레라와 카쿠지노 쿠루마오 히키마시타

They pulled their wagons.

559

長い道でした。

나가이 미치데시타

It was a long way.

560

彼らは白雪姫に合いたかったです。

카레라와 시라유키히메니 아이타캇타데스

They wanted to see Snow White.

해석

557 그들은 삽도 지녔습니다. **558** 그들은 그들의 광차를 끌었어요. **559** 그것은 긴 길이었지요. **560** 그들은 백설공주를 보고 싶었답니다.

561

彼らは白雪姫を愛しました。

카레라와 시라유키히메오 아이시마시타

They loved Snow White.

562

彼らは自分の家を見ました。

카레라와 지분노 이에오 미마시타

They saw their house.

563

窓が開いていました。

마도가 아이테 이마시타

The window was open.

564

七人の小人はドアを開けました。

시츠닌노코비토와 도아오 아케마시타

Seven dwarfs opened the door.

해석

561 그들은 백설공주를 사랑했습니다. **562** 그들은 그들의 집을 바라보았어요. **563** 창문이 열려있었네요. **564** 일곱 난쟁이는 문을 열었습니다.

565

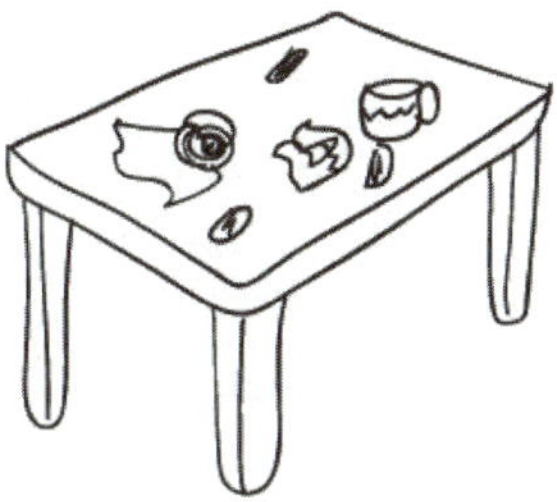

家はきれいではありませんでした。

이에와 키레이데와 아리마센데시타

The house was not clean.

566

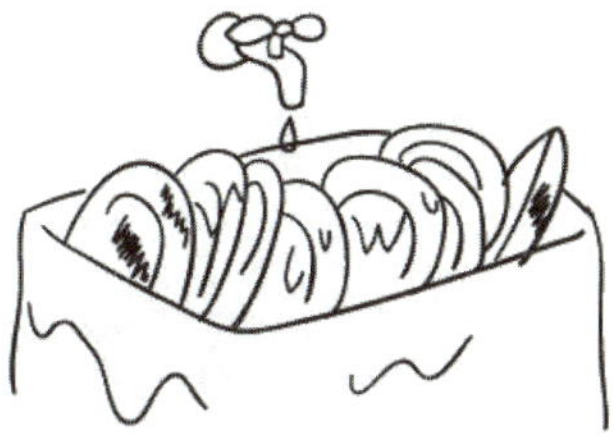

食べ物は作られていません。

타베모노와 츠쿠라레테 이마셍

The food was not made.

567

床は掃除されていませんでした。

유카와 쇼오지사레테 이마셍데시타

The clothes were not cleaned.

568

彼らは白雪姫を捜しました。

카레라와 시라유키히메오 사가시마시타

They looked for Snow White.

해석

565 집이 깨끗하지 않았습니다. **566** 음식은 만들어지지 않았구요. **567** 바닥은 청소되지 않았지요. **568** 그들은 백설공주를 찾았습니다.

569

彼らは心配になりました。
카레라와 심빠이니 나리마시타
They were worried.

570

彼らは白雪姫を発見しました。
카레라와 시라유키히메오 핫켄시마시타
They saw Snow White.

571

彼女は窓のそばにいました。
카노죠와 마도노 소바니 이마시타
She was by the window.

572

彼女は床の上にいました。
카노죠와 유카노 우에니 이마시타
She was on the floor.

해석

569 그들은 걱정이 되었습니다. **570** 그들은 백설공주를 발견했어요. **571** 그녀는 창문 옆에 있었습니다. **572** 그녀는 바닥 위에 있었어요.

573

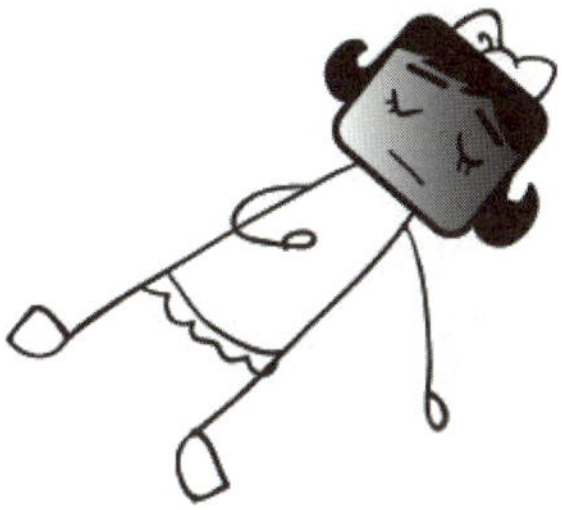

彼女は動きませんでした。

카노죠와 우고키마셍데시타

She was not moving.

574

彼女は息をしませんでした。

카노죠와 이키오 시마센데시타

She was not breathing.

575

彼女は死んだように見えました。

카노죠와 신다 요오니 미에마시타

She looked dead.

576

彼らは彼女に触ってみました。

카레라와 카노죠니 사왓테미마시타

They touched her.

해석

573 그녀는 움직이지 않았습니다. **574** 그녀는 숨 쉬지 않았구요. **575** 그녀는 죽은 것처럼 보였어요. **576** 그들은 그녀에게 손을 대었어요.

577

彼らは彼女に聲をかけました。

카레라 와 카노죠니 코에오카케마시타

They talked to her.

578

彼らは彼女を持ちました。

카레라와 카노죠오 모치마시타

They lifted her up.

579

彼らは彼女を振ってみました。

카레라와 카노죠오 훗테미마시타

They shook her.

580

彼らは泣きました。

카레라와 나키마시타

They cried.

해석

577 그들은 그녀에게 말을 걸었어요. **578** 그들은 그녀를 들었어요. **579** 그들은 그녀를 흔들어 보기도 했구요. **580** 그들은 울음을 터트렸어요.

581

彼らは悲しかったです。

카레라와 카나시캇타데스

They were sad.

582

彼らは白雪姫を愛しました。

카레라와 시라유키히메오 아이시마시타

They loved Snow White.

583

彼らはりんごを見つけました。

카레라와 링고오 미츠케마시타

They saw the apple.

584

彼らは王妃がそこに來たのが分かりました。

카레라와 오우히가 소코니 키타노가 와카리마시타

They knew the Queen was there.

해석

581 그들은 슬펐습니다. **582** 그들은 백설공주를 사랑했었어요. **583** 그들은 사과를 발견했지요. **584** 그들은 왕비가 거기 와있었다는 걸 알아챘어요.

585

彼らは王妃が悪魔であることが分かりました。

카레라와 오우히가 아쿠마데아루 코토가 와카리마시타

They knew the Queen was evil.

586

彼らは白雪姫のそばに座りました。

카레라와 시라유키히메노소바니 스와리마시타

They sat with Snow White.

587

彼らは彼女を持ち上げました。

카레라와 카노죠오 모치아게마시타

They picked her up.

588

彼らは再び泣きました。

카레라와 후타타비 나키마시타

They cried again.

해석

585 그들은 왕비가 악마인 걸 알았습니다. **586** 그들은 백설공주 곁에 함께 앉았어요. **587** 그들은 그녀를 들어 올렸어요. **588** 그들은 다시 울었어요.

589

彼らは彼女を森に運びましたました。

카레라와 카노죠오 모리니 하코비마시타

They carried her to the forest.

590

彼らは彼女を森の中に置きました。

카레라와 카노죠오 모리노 나카니 오키마시타

They put her in the forest.

591

彼らは数本のわらをを持ってきました。

카레라와 스우본노 와라오 못테키마시타

They got some straw.

592

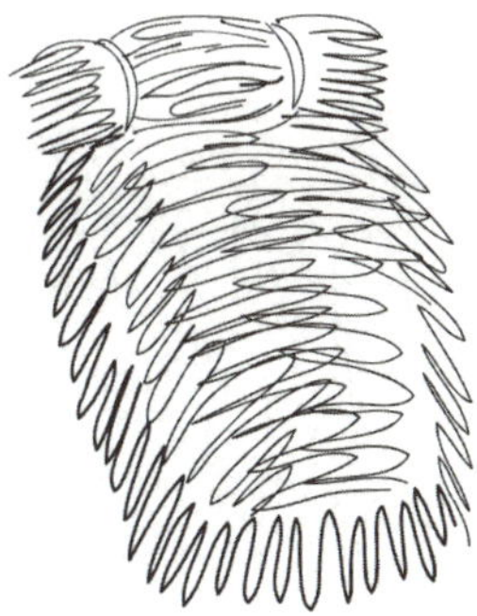

彼らは藁でベッドを作りました。

카레라와 와라데 벳도오 츠쿠리마시타

They made a straw bed.

해석

589 그들은 그녀를 숲으로 부축했어요. **590** 그들은 그녀를 숲 속에 자리를 잡았어요. **591** 그들은 지푸라기 몇 가닥을 가지고 왔습니다. **592** 그들은 지푸라기로 침대를 만들었어요.

593

彼らはわらのベッドに彼女を寝かしました。

카레라와 와라노 벳도니 카노죠오 네카시마시타

They laid her on a straw bed.

594

彼らは彼女のそばに座りました。

카레라와 카노죠노소바니 스와리마시타

They sat with her.

595

彼らは彼女のために泣きました。

카레라와 카노죠노 타메니 나키마시타

They cried for her.

596

彼らは彼女を送るのが嫌いでした。

카레라와 카노조오 오쿠르노가 키라이데시타

They did not want to leave her.

해석

593 그들은 지푸라기 침대에 그녀를 눕혔습니다. **594** 그들은 그녀 곁에 함께 앉았어요. **595** 그들은 그녀를 위해 울었습니다. **596** 그들은 그녀를 떠나보내기 싫었어요.

597

彼らは彼女のそばに花を置きました。

카레라와 카노죠노 소바니 하나오 오키마시타

They put flowers by her.

598

彼女は美しかったです。

카노죠와 우츠쿠시캇타데스

She looked beautiful.

599

わらベッドに寝かすにはあまりにも美しかったです。

와레 벳도니 네카시니와 아마리니모 우츠쿠시캇타데스

Too beautiful for a straw bed.

600

彼らはアイデアが浮かびました。

카레라와 아이디아가 우카비마시타

They had an idea.

해석

597 그들은 그녀 곁에 꽃을 놓았습니다. **598** 그녀는 아름다워 보였어요. **599** 지푸라기 침대에 놓기에는 너무 아름다웠어요. **600** 그들은 문득 어떤 생각이 났어요.

601

彼らはガラスの棺を作りました。

카레라와 가라스노 히츠기오 츠쿠리마시타

They made a glass coffin.

602

彼らは彼女をそこに置きました。

카레라와 카노죠오 소코니 오키마시타

They put her in it.

603

彼らはそこに彼女の名前を刻みました。

카레라와 소코니 카노죠노 나마에 오 키자미마시타

They put her name on it.

604

彼らは彼女の名前を金で刻みつけました。

카레라와 카노죠노 나메에오 킨데 키자미츠케마시타

They wrote her name in gold.

해석

601 그들은 유리관을 만들었어요. **602** 그들은 그녀를 그 안에 놓았습니다. **603** 그들은 거기에 그녀의 이름을 새겼어요. **604** 그들은 이름을 금으로 새겨넣었어요.

605

棺は透明でした。

히츠기와 토메이데시타

The coffin was clear.

606

彼らは彼女を見ることができます。

카레라와 카노죠오 미루 코토가 데키마스

They could see her.

607

彼らは彼女を守りました。

카레라와 카노죠오 마모리마시타

They watched her.

608

彼らは彼女をいつも守りました。

카레라 와 카노죠오 이츠모 마모리마시타

They watched her all the time.

해석

605 관은 투명했습니다. **606** 그들은 그녀를 볼 수 있었지요. **607** 그들은 그녀를 지켰어요. **608** 그들은 그녀를 내내 지켜왔어요.

609

彼らはいつも彼女と一緒にいました。

카레라와 이츠모 카노죠토 이쇼니 이마시타

They were always with her.

610

彼らは彼女がこいしかったです。

카레라와 카노죠가 코이시캇타데스

They missed her.

611

彼らは彼女の掃除をこいしがりました。

카레라 와 카노죠노 쇼오지 오 코이시 가리마시타

They missed her cleaning.

612

彼らは彼女の料理もこいしかったです。

카레라와 카노죠가 료오리모 코이시캇타데스

They missed her cooking.

해석

609 그들은 언제나 그녀와 함께 했어요. **610** 그들은 그녀가 그리웠습니다. **611** 그들은 그녀의 청소를 그리워했고요. **612** 그들은 그녀의 요리도 그리웠어요.

613

彼らは彼女の歌をこいしがりました。
카레라와 카노죠노 우타오 코이시 가리마시타
They missed her singing.

614

鳥たちも彼女をこいしがりました。
토리타치모 카노죠오 코이시 가리마시타
The birds missed her.

615

うさぎも彼女をこいしがりました。
우사기모 카노죠오 코이시 가리마시타
The rabbits missed her.

616

りすも彼女をこいしがりました。
리스모 카노죠오 코이시 가리마시타
The squirrels missed her.

해석

613 그들은 그녀의 노래를 그리워했어요. **614** 새들도 그녀를 그리워했구요. **615** 토끼들도 그녀를 그리워했습니다. **616** 다람쥐들도 그녀를 그리워했어요.

617

森の中の動物たちは彼女をこいしがりました。

모리노 나카노 도우부츠타치와 카노죠오 코이시 가리마시타

The forest animals missed her.

618

彼らはみんな悲しかったです。

카레라와 민나 카나시캇타데스

They were all sad.

619

彼らはみんな彼女を守りました。

카레라와 민나 카노죠오 마모리마시타

They all watched her.

620

彼女はガラスの棺の中にいました。

카노죠와 가라스노히츠기노 나카니 이마시타

She was in the glass coffin.

해석

617 숲 속의 동물들은 그녀를 그리워했습니다. **618** 그들 모두는 슬펐지요. **619** 그들 모두가 그녀를 지키고 있었어요. **620** 그녀는 유리관 속에 있었어요.

621

彼女は長い間ガラスの棺の中にいました。

카노죠와 나가이아이다 가라스노히츠기노 나카니 이마시타

She was in the glass coffin a long time.

622

七人のこびとが働きに行きました。

시치닌노코비토가 하타라키니 이키마시타

The seven dwarfs went to work.

623

彼らは鉱山へ帰りました。

카레라와 코오잔에 카레리마시타

They went back to the mines.

624

彼らは幸せじゃありませんでした。

카레라와 시아와세쟈 아리마셍데시타

They were not happy.

해석

621 그녀는 오랫동안 유리관 속에 있었습니다. **622** 일곱 난쟁이가 일하러 나갔어요. **623** 그들은 광산으로 돌아갔지요. **624** 그들은 행복하지 않았답니다.

625

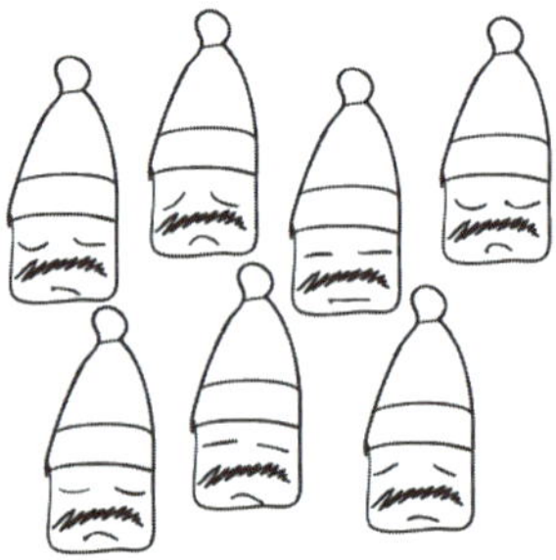

彼らは悲しかったです。

카레라와 카나시캇타데스

They were sad.

626

彼らは寂しかった。

카레라와 사비시캇타

They were lonely.

627

彼らは白雪姫が帰って来るのを望みました。

카레라와 시라유키히메가 카에테쿠르노오 노조미마시타

They wanted Snow White to come back.

628

七人の小人は森の中にいました。

시츠닌노코비토와 모리노 나카니 이마시타

Seven dwarfs were in the forest.

해석

625 그들은 슬펐어요. **626** 그들은 외로웠고요. **627** 그들은 백설공주가 돌아오길 바랐습니다. **628** 일곱 난쟁이는 숲 속에 있었어요.

629

彼らは王子を見ました。
카레라와 오오지오 미마시타
They saw the Prince.

630

王子は馬に乗っていました。
오오지와 우마니 놋테 이마시타
The Prince was riding his horse.

631

彼は森の中にいました。
카레와 모리노나카니 이마시타
He was in the forest.

632

彼は一人でした。
카레와 히토리데시타
He was all alone.

해석

629 그들은 어떤 왕자를 보았어요. **630** 왕자는 말을 타고 있었어요. **631** 그는 숲 속에 있었습니다. **632** 그는 혼자였어요.

633

彼は疲れました。

카레와 츠카레마시타

He was getting tired.

634

その日は遅い時間でした。

소노히와 오소이 지칸데시타

It was late in the day.

635

彼は七人の小人を発見しました。

카레와 시츠닌노코비토오 핫켄시마시타

He saw the seven dwarfs.

636

王子は七人の小人に行きました。

오오지와 시츠닌노코비토니 이키마시타

He rode to them.

해석

633 그는 피곤해졌어요. **634** 그날 늦은 시간이었습니다. **635** 그는 일곱 난쟁이를 발견했어요.
636 왕자는 그들에게로 말을 몰아갔어요.

637

王子は、こんにちはと言いました。

오오지와 콘니치와토 이이마시타

Prince said hello.

638

王子は彼らの家に泊まってもいいですかと聞きました。

오오지와 카레라노 이에니 토맛테모 이이데스카토 키키마시타

He asked to stay at their house.

639

もう遅くなりました。

모우오소쿠 나리마시타

It was late.

640

七人の小人はいいですよと答えました。

시츠닌노코비토와 이이데스요토 코타에마시타

Seven dwarfs said yes.

해석

637 왕자는 "안녕하세요." 라고 말했어요. **638** 그는 그들에게 집에 머물러도 되는지 물었어요.
639 늦은 시간이었지요. **640** 일곱 난쟁이는 "좋아요." 라고 대답했어요.

641

彼らは悲しそうでした。
카레라와 카나시소우데시타
They looked sad.

642

家は取りみたされていました。
이에와 토리미타사레테이마시타
The house was a mess.

643

服も床の上にありました。
후쿠모 유키노 우에니 아리마시타
The clothes were on the floor.

644

床はきたなかったです。
유카와 키타나캇타데스
The floor was dirty.

해석

641 그들은 슬퍼 보였어요. **642** 집은 어지럽혀 있었고요. **643** 옷들도 바닥 위에 널려 있었지요. **644** 바닥은 더러웠어요.

645

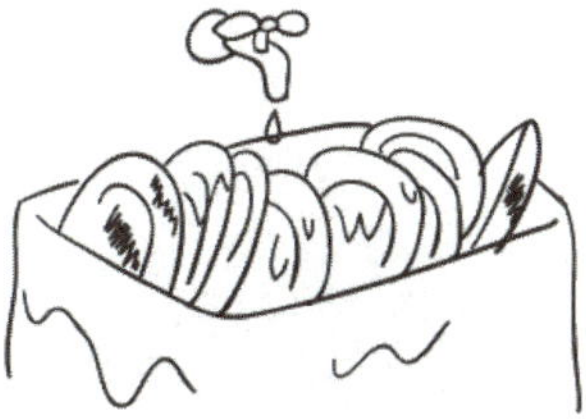

さらも汚れていました。
사라모 요고레테이마시타
The dishes were dirty.

646

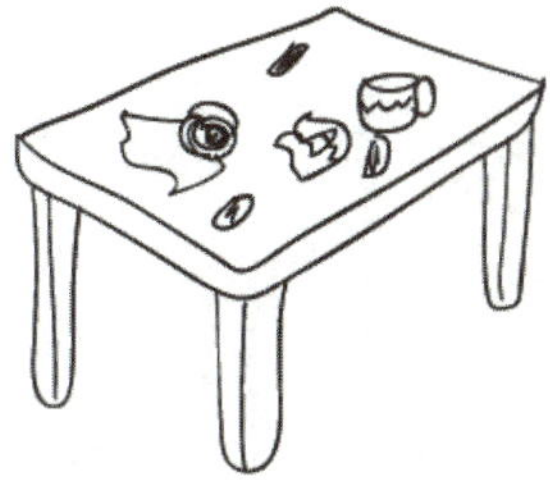

食べ物さえありませんでした。
타베모노사에 아리마셍데시타
There was no food.

647

王子はあたりを見回しました。
오오지와 아타리오 미마와시마시타
The Prince looked around.

648

どうしたんですか?
도우시탄 데스카?
What was wrong with them?

해석

645 접시들도 지저분했고. 646 음식 조차 없었습니다. 647 왕자는 주위를 둘러보았어요. 648 무슨 문제가 있었습니까?

649

七人の小人は悲しそうに見えました。
시츠닌노코비토와 카나시소오니 미에마시타
Seven dwarfs were sad.

650

彼はその理由を聞きました。
카레와 소노 리유우 오 키키마시타
He asked why.

651

彼らは王子に白雪姫について話しました。
카레라와 오오지니 시라유키히메니 츠이테 하나시마시타
They told him about Snow White.

652

彼女は料理を作ったし。
카노죠와 료오리오 츠쿳타시
She cooked the food.

해석

649 일곱 난쟁이는 슬퍼 보였어요. **650** 그는 이유를 물었습니다. **651** 그들은 그에게 백설공주에 대해 말했어요. **652** 그녀는 음식을 만들었고요.

653

彼女は家を掃除しました。
카노죠와 이에오 쇼오지시마시타
She cleaned the house.

654

彼女はわれらに歌を歌ってくれました。
카노죠와 와레라니 우타오 우타테 쿠레마시타
She sang songs to them.

655

彼女は鳥たちにも歌を歌ってくれました。
카노죠와 토리타치니모 우타오 우타테 쿠레마시타
She sang songs to the birds.

656

彼女は動物たちと一緒に遊びました。
카노죠와 도부츠타치토 이쇼니 아소비마시타
She played with the animals.

해석

653 그녀는 집을 청소했어요. **654** 그녀는 우리들에게 노래를 불러주었고요. **655** 그녀는 새들에게도 노래를 불러주었지요. **656** 그녀는 동물들과 함께 놀았답니다.

657

彼女は私たちを幸せにしてくれました。
카노죠와 와타시타치오 시아와세니시테쿠레마시타
She made us happy.

658

私たちは彼女に合いたいです。
와타시타치와 카노죠니 아이타이데스
We miss her.

659

王子は彼女が今どこにいるのかをききました。
오오지와 카노조가 이마도키니 이루노 카오키키마시타
Prince asked where she was.

660

七人の小人は静かでした。
시츠닌노코비토와 시즈카데시타
Seven dwarfs were quiet.

해석

657 그녀는 우리를 행복하게 해주었어요. **658** 우리는 그녀가 보고 싶어요. **659** 왕자는 그녀가 어디 있는지 물었습니다. **660** 일곱 난쟁이는 조용했어요.

661

彼らは白雪姫を守ってありたかったです。

카레라와 시라유키히메오 마못테 아리타 갓타데스

They wanted to keep Snow White.

662

あなたに見せてあげます。

아나타니 미세테 아게마스

We will show you.

663

彼らは王子を森に連れて行きました。

카레라와 오오비오 모리니 츠레테 이키마시타

They took him to the woods.

664

彼らは續いて歩きました。

카레라와 츠즈이테 아루키마시타

The walked and walked.

해석

661 그들은 백설공주를 지켜주고 싶었어요. **662** 당신에게 보여 드릴게요. **663** 그들은 그를 숲으로 데려갔습니다. **664** 그들은 걷고 또 걸었어요.

665

彼らは王子に見せてあげました。

카레라와 오오지니 미세테 아게마시타

They showed him.

666

彼らは王子に白雪姫を見せてあげました。

카레라와 오오지니 시라유키히메오 미세테 아게마시타

They showed him Snow White.

667

王子はガラスの棺を見つけました。

오오지와 가라스노 히츠기오 미츠케마시타

He saw the glass coffin.

668

彼は白雪姫を見つけました。

카레와 시라유키히메오 미츠게마시타

He saw Snow White.

해석

665 그들은 그에게 보여주었어요. **666** 그들은 그에게 백설공주를 보여주었답니다. **667** 그는 유리관을 발견했어요. **668** 그는 백설공주를 보게 되었지요.

669

王子はガラスの棺が欲しかったです。

오오지와 가라스노 히츠기가 호시카타데스

Prince wanted the glass coffin.

670

彼は白雪姫をこいねがいました。

카레와 시라유키히메오 코이네가 이마시타

He wanted Snow White.

671

彼は前にも彼女に会ったことがあるそうです。

카레와 마에니모 카노죠니 앗타 코토가 아르소우데스

He had seen her before.

672

彼は彼女を覚えています。

카레와 카노죠오 오보에테이마스

He remembered her.

해석

669 왕자는 그 유리관을 원했습니다. **670** 그는 백설공주를 원했어요. **671** 그는 그녀를 예전에 만난 적이 있었답니다. **672** 그는 그녀를 기억하고 있었어요.

673

彼は彼女を愛しました。

카레와 카노죠오 아이시마시타

He loved her.

674

彼女はきれいでした。

카노죠와 키레이데시타

She was beautiful.

675

彼は悲しかったです。

카레와 카나시캇타데스

He was sad.

676

彼も白雪姫に会いたかったです。

카레모 시라유키히메니 아이타캇타데스

He wanted to see Snow White.

해석

673 그는 그녀를 사랑했었어요. **674** 그녀는 아름다웠습니다. **675** 그는 슬퍼졌어요. **676** 그도 백설공주를 보고 싶었어요.

677

彼は七人の小人に聞きました。

카레와 시츠닌노코비토니 키키마시타

He asked seven dwarfs.

678

彼女を城に連れて行ってもいいですか?

카노죠오 시로니 츠레테 잇테모 이이데스 카?

Can I have her?

679

王子は彼らに何でもあげようとしました。

오오지와 카레라니 난데모 아게요우토 시마시타

He would give them anything.

680

でも彼らは王子に彼女をあげようとしませんでした。

데모 카레라와 오오지니 카노죠오 아게요우토 시마셍데시타

They would not give her to him.

해석

677 그는 일곱 난쟁이에게 물었습니다. **678** 그녀를 성으로 데려가도 될까요? **679** 그는 그들에게 무엇이든 주겠다고 했어요. **680** 그렇지만 그들은 그에게 그녀를 주지 않으려 했습니다.

681

それはいけないとはなしました。
소레와 이케나이토 하나시마시타
They said no.

682

彼らは彼女を愛しました。
카레라 와 카노죠오 아이시마시타
They loved her.

683

王子は彼女を必ず連れて行かなければならないと言いました。
오오지와 카노죠오 카나라즈 츠레테 이카나케레바 나라나이 토이이마시타
Prince said he must have her.

684

七人の小人は彼にすまなかったです。
시츠닌노코비토와 카레니 스마나캇타데스
Seven dwarfs felt sorry for him.

해석

681 그들은 안된다고 대답했어요. **682** 그들은 그녀를 사랑했던거죠. **683** 왕자는 그녀를 반드시 데려가야한다고 말했습니다. **684** 일곱 난쟁이는 그에게 미안함을 느꼈어요.

685

彼らは王子にガラスの棺をあげました。
카레라와 오오지니 가라스노 히츠기오 아게마시타
They gave him the glass coffin.

686

彼らは白雪姫を彼に渡しました。
카레라와 시라유키히메오 카레니 와타시마시타
They gave him Snow White.

687

彼らは彼女が懐かしくなるだろう。
카레라와 카노죠가 나츠카시쿠 나루 다로우
They would miss her.

688

王子は彼女を連れて行きました。
오오지와 카노죠오 츠레테 이키마시타
Prince carried her away.

해석

685 그들은 유리관을 그에게 내주었어요. 686 그들은 백설공주를 그에게 넘겨 주었어요. 687 그들은 그녀를 그리워하게 될 것이었어요. 688 왕자는 그녀를 데리고 갔습니다.

689

王子は彼女を彼の城へ連れて行きました。
오오지와 카노죠오 카레노 시로에 츠레테 이키마시타
He took her to his castle.

690

彼は彼女を愛しました。
카레 와 카노죠오 아이시마시타
He loved her.

691

彼女はきれいでした。
카노죠와 키레이데시타
She was beautiful.

692

彼は彼女を毎日見つめました。
카레와 카노죠오 마이니치 미츠메마시타
He looked at her every day,

해석

689 왕자는 그녀를 그의 성으로 데리고 갔습니다. 690 그는 그녀를 사랑했어요. 691 그녀는 아름다웠습니다. 692 그는 그녀를 매일 바라보았답니다.

693

彼はガラスの棺を開けました。
카레와 가라스노히츠기오 아케마시타
He opened the glass coffin.

694

彼女はとても美しかったです。
카노죠와 토테모 우츠쿠시캇타데스
She was so beautiful.

695

彼は体をかがめました。
카레와 카라다오 가가메마시타
He bent over.

696

彼は白雪姫にキスをしました。
카레와 시라유키히메니 키스오 시마시타
He kissed Snow White.

해석

693 그는 유리관을 열었습니다. **694** 그녀는 너무나 아름다웠어요. **695** 그는 몸을 굽혔습니다.
696 그는 백설공주에게 키스를 했어요.

697

彼女の目が動きました。

카노죠노 메가 우고키마시타

She moved her eyes.

698

彼女は目を覚ましました。

카노죠와 메오 사마이마시타

She opened her eyes.

699

彼女の口が動きました。

카노죠노 쿠치가 우고키마시타

Her mouth moved.

700

彼女が笑いました。

카노죠가 와라이마시타

She smiled.

해석

697 그녀의 눈이 움직였어요. **698** 그녀는 눈을 떴습니다. **699** 그녀의 입이 움직였어요. **700** 그녀가 미소를 지었어요.

701

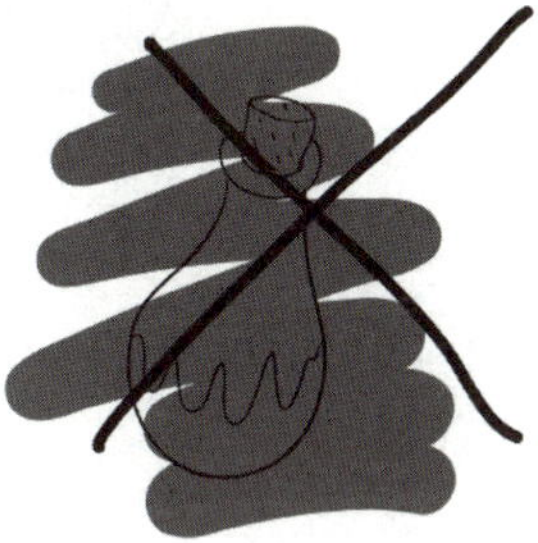

魔法が解けました。
마호오가 토케마시타
The spell was broken.

702

白雪姫は死んだのではありませんでした。
시라유키히메와 신다노데와아리마셍데시타
Snow White was not dead.

703

彼女が起きました。
카노죠가 오키마시타
She sat up.

704

彼女が何かありましたか? と聞きました。
카노죠가 나니카 아리마시타 카? 키키마세타
She asked what happened?

해석

701 마법이 풀렸습니다. **702** 백설공주는 죽지 않은 것이었어요. **703** 그녀가 일어났습니다. **704** 그녀가 "무슨 일이 있었나요?" 라고 물었습니다.

705

王子が彼女に言いました。

오오지가 카노죠니 이이마시타

The Prince told her.

706

彼は彼女に老婆について話しました。

카레와 카노죠니 로오바니 츠스테 하나시마시타

He told her about the old woman.

707

老婆は惡い王妃でした。

로오바와 와루이 오우히데시타

The old woman was the evil Queen.

708

白雪姫は生きていました。

시라유키히메와 이키테 이마시타

Snow white was alive.

해석

705 왕자가 그녀에게 말해주었습니다. 706 그는 그녀에게 노파에 대해 말했어요. 707 노파는 사악한 왕비였지요. 708 백설공주는 살아 있었어요.

709

彼女は幸せでした。
카노죠와 시아와세데시타
She was happy.

710

王子も幸せでした。
오오지모 시아와세데시타
The Prince was happy.

711

七人の小人は幸せでした。
나나 닌노코비토와 시아와세데시타
Seven dwarfs were happy.

712

森の中の動物たちも幸せでした。
모리노 나카노 도부츠타치모 시아와세데시타
The forest animals were happy.

해석

709 그녀는 행복했어요. **710** 왕자도 행복했어요. **711** 일곱 난쟁이들도 행복했어요. **712** 숲 속의 동물들도 행복했습니다.

713

うさぎたちは幸せでした。
우사기타치와 시아와세데시타
The rabbits were happy.

714

りすたちは幸せでした。
리스타치와 시아와세데시타
The squirrels were happy.

715

みみづくたちも幸せでした。
미미즈쿠타치모 시아와세데시타
The owls were happy.

716

皆幸せでした。
민나 시아와세데시타
Everyone was happy.

해석

713 토끼들이 행복했습니다. **714** 다람쥐들이 행복했어요. **715** 부엉이들도 행복했고요. **716** 모두 다 행복해졌어요.

717

王子に疑問ができました。
오오지니 기몬가 데키마시타
Prince had a question.

718

彼は白雪姫に聞きました。
카레와 시라유키히메니 키키마시타
He asked Snow White.

719

私と結婚して下さい?
와타시토 켓콘시테쿠다사이?
Will you marry me?

720

彼女ははいと答えました。
카노죠와 하이토 코타에마시타
She said yes.

해석

717 왕자에게 묻고 싶은 것이 생겼어요. **718** 그는 백설공주에게 물었습니다. **719** 나와 결혼해 주시겠어요? **720** 그녀는 "네." 라고 대답했어요.

721

王子は幸せでした。

오오지와 시아와세데시타

The Prince was happy.

722

白雪姫も幸せでした。

시라유키히메모 시아와세데시타

Snow White was happy.

723

彼女はこんなことが出来るとは全然思いませんでした。

카노죠와 콘나 코토가 데키루토와 젠젠 오모이마셍데시타

She never thought this would happen.

724

彼らは結婚の計画 建てました。

카레라와 케콘오 노케이카쿠오 타테마시타

They planned a wedding.

해석

721 왕자는 행복했습니다. **722** 백설공주도 행복했습니다. **723** 그녀는 이런 일이 일어날 줄 전혀 생각하지 못했었어요. **724** 그들은 결혼 계획을 했어요.

725

彼らは皆招待しました。

카레라와 미나 쇼오타이 시마시타

They invited everyone.

726

彼らは七人の小人を招待し。

카레라와 시츠닌노코비토오 쇼오타이 시마시타

They invited the seven dwarfs.

727

彼らは森の動物たちを招待しました。

카레라와 모리노 도부츠타치오 쇼오타이시마시타

They invited the forest animals.

728

彼らはうさぎたちを招待しました。

카레라와 우사기타치오 쇼오타이시마시타

They invited the rabbits.

해석

725 그들은 모두를 초대했습니다. **726** 그들은 일곱 난쟁이를 초대했어요. **727** 그들은 숲 속의 동물들을 초대했고요. **728** 그들은 토끼들을 초대했어요.

729

彼らはりすたちを招待しました。
카레라와 리스타치오 쇼오타이시마시타
They invited the squirrels.

730

彼らはみみずくたちを招待しました。
카레라와 미미즈쿠타치오 쇼오타이시마시타
They invited the owls.

731

すべてのものが美しかったです。
스베테노 모노가 우츠쿠시 캇타데스
Everything was beautiful.

732

彼女のドレスも美しかったです。
카노죠노 도레스모 우츠쿠시캇타데스
Her dress was beautiful.

해석

729 그들은 다람쥐들을 초대했습니다. **730** 그들은 부엉이들을 불렀어요. **731** 모든 것이 다 아름다웠습니다. **732** 그녀의 드레스도 아름다웠지요.

733

ドレスは白かったです。

도레스와 시로캇타데스

The dress was white.

734

ドレスにはダイヤモンドが付いていました。

도레스니 와 다이아몬도가 츠이테이마시타

The dress had diamonds on it.

735

七人の小人はドレスにダイヤモンドが付けました。

시츠닌노코비토와 도레스니 다이아몬도가 츠스케마시타

Seven dwarfs put diamonds on it.

736

ダイヤモンドは、鉱山から取ったのです。

다이아몬도와 코오잔카라 톳타노데스

Diamonds from their mine.

해석

733 드레스는 하얀색이었어요. **734** 드레스에는 다이아몬드가 붙어 있었고요. **735** 일곱 난쟁이는 드레스에 다이아몬드를 붙였습니다. **736** 다이아몬드들은 그 광산에서 나온 것이었어요.

737

七人の小人は幸せでした。
시츠닌노코비토와 시아와세데시타
Seven dwarfs were happy.

738

食べ物はおいしかったです。
타베모노와 오이시캇타데스
The food was delicious.

739

ケーキも美しかったです。
케이키모 우츠쿠시캇타데스
The cake was beautiful.

740

七人の小人は贈り物を持って来ました。
시츠닌노코비토와 오쿠리모노오 못테키마시타
The seven dwarfs brought gifts.

해석

737 일곱 난쟁이는 행복했어요. **738** 음식은 맛있었고요. **739** 그 케이크도 아름다웠어요.
740 일곱 난쟁이들은 선물을 가져왔답니다.

741

動物たちもプレゼントを持ってきました。

도오부츠타치모 프레젠토오 못테 키마시타

The animals brought gifts.

742

白雪姫は幸せでした。

시라유키히메와 시아와세데시타

Snow White was happy.

743

彼女は永遠に幸せになるだろう。

카노죠와 에엔 시아와세니 나루 다로우

She would be happy forever.

744

城に帰ってみましょか。

시로니 카엣테 미마쇼오카

Back at the castle

해석

741 동물들도 선물을 가져왔어요. **742** 백설공주는 행복했어요. **743** 그녀는 영원히 행복할 것입니다. **744** 성으로 돌아가 볼까요.

745

王妃は魔法の鏡に聞きました。

오우히와 마호오노카가미니 키키마시타

Queen asked magic mirror a question.

746

誰が一番綺麗ですか?。

다레가 이치방 키레이데스카?

Who was most beautiful?

747

魔法の鏡は新しい王子妃だと答えました。

마호오노 카가미와 아타라시이 오오지히다토 코타에마시타

Magic mirror said the new Queen.

748

王妃は腹が立ちました。

오우히와 하라가 타치마시타

Queen was mad.

해석

745 여왕은 마법 거울에게 물었습니다. **746** 누가 가장 아름답지? **747** 마법거울은 새로운 왕자비라고 대답했습니다. **748** 왕비는 화가 났어요.

749

誰が新しい王子妃ですか?
다레가 아타라시이 오오지히데스카?
Who was the new Queen?

750

王妃は魔法の鏡に聞きました。
오우히와 마호오노카가미 키키마시타
Queen asked magic mirror a question.

751

新しい王子妃はどこにいますか?
아타라시이 오오지히와 도코니 아리마스카?
Where was new Queen?

752

魔法の鏡は彼女が王子と結婚するといいました。
마호오노카가미와 카노죠가 오오지토 켓콘스루토 이이마시타
Magic mirror said she is marrying Prince.

해석

749 누가 새로운 왕자비인거야? **750** 왕비는 마법 거울에게 질문을 했습니다. **751** 새로운 왕자비는 어디에 있지? **752** 마법 거울은 그녀가 왕자님과 결혼한다고 말했어요.

753

王妃は魔法の鏡に聞きました。

오우히와 마호오노카가미니 키키마시타

Queen asked magic mirror a question.

754

結婚式はどこで開かれますか?

켓콘시키와 도코데 히라카레마스카?

Where is the wedding?

755

魔法の鏡は彼女に見せてくれました。

마호오노카가미와 카노죠니 미세테 쿠레마시타

Magic mirror showed her.

756

王妃は結婚式のために服を着こなしました。

오우히와 켓콘시키노 타메니 후쿠 오 코나시마시타

Queen dressed for the wedding.

해석

753 왕비는 마법 거울에게 물었어요. **754** 결혼식은 어디서 열리는 데? **755** 마법거울은 그녀에게 보여주었습니다. **756** 왕비는 결혼식을 위해 옷을 차려 입었어요.

757

彼女は結婚式が開かれる所に行きました。
카노죠와 켓콘시키가 히라카레루 토코로니 이키마시타
She traveled to the wedding.

758

彼女は遠くまで移動しました。
카노죠와 토오쿠마데 이도오 시마시타
She traveled far away.

759

彼女は新しい王子妃を見に行きました。
카노죠 와 아타라시이 오오지히오 미니이키마시타
She went to see the new Queen.

760

彼女はしきりに見ました。
카노죠와 시키리니 미마시타
She looked and looked.

해석

757 그녀는 결혼식이 열리는 곳으로 찾아갔어요. **758** 그녀는 아주 멀리 이동했답니다. **759** 그녀는 새로운 왕자비를 보러 갔어요. **760** 그녀는 쳐다보고 또 쳐다봤어요.

761

彼女は誰が王子妃か分りたかかったのです。
카노죠와다레가 오오지히카 스리다카캇타 노데스
She wanted to see who it was.

762

彼女が後ろを振り返りました。
카노죠가 우시로오 후리카에리마시타
She turned around.

763

彼女は白雪姫を見つけました。
카노죠와 시라유키히메오 미츠케마시타
She saw Snow White.

764

白雪姫がその新しい王子妃でした。
시라유키히메가 소노우아타라시이오오지히데시타
Snow White was the new Queen.

해석

761 그녀는 그것이 누군지 알고싶었지요. **762** 그녀가 뒤를 돌았습니다. **763** 그녀는 백설공주를 발견했어요. **764** 백설공주가 바로 새로운 왕자비이었어요.

765

邪悪な王妃は腹が立ちました。
쟈아쿠나 오우히와 하라가 타치마시타
Evil Queen was mad.

766

彼女は自分の目を信じられませんでした。
카노죠와 지분노 메오 신지라레마셍데시타
She could not believe her eyes.

767

彼女は死んでいるはずでしたが。
카노죠와 신데이루하즈데시타가
She was suppose to be dead.

768

白雪姫も彼女を見つけました。
시라유키히메모 카노죠오 미츠케마시타
Snow White saw her.

해석

765 사악한 왕비는 화가 났습니다. **766** 그녀는 그녀의 눈을 믿지 못했어요. **767** 그녀는 죽었어야 했어요. **768** 백설공주도 그녀를 보았습니다.

769

王子も彼女を見つけました。
오오지모 카노죠오 미츠케마시타
Prince saw her.

770

彼らは彼女を追って駆けて行きました。
카레라와 카노죠오 옷테 카케테 이키마시타
They ran after her.

771

彼らは彼女を捕まえました。
카레라와 카노죠오 츠카마에마시타
They caught her.

772

彼らは彼女に遠く離れてくださいと言いました。
카레라와 카노죠니 토오쿠 하나레테 쿠다사이토 이이마시타
They said she had to leave.

해석

769 왕자도 그녀를 발견했어요. **770** 그들은 그녀를 쫓아 달려갔습니다. **771** 그들은 그녀를 붙잡았어요. **772** 그들은 그녀에게 멀리 떠나달라고 말했습니다.

773

彼らは邪悪な王妃は永遠に離れなければならないと言いました。

카레라와 자아쿠나 오오히와 에이엔니 하나레나케레바나라나이토 이이마시타

They said Evil queen had to leave forever.

774

彼女は永遠に戻ることができなくなりました。

카노죠와 에엔니 모도루코토가데키나쿠나리마시타

She could never return.

775

邪悪な王妃は結婚式場を去りました。

쟈아쿠나 오우히와 켓콘시키죠오 사리마시타

Evil Queen left the wedding.

776

彼女はにげていきました。

카노죠와 니게테 이키마시타

She ran away.

해석

773 그들은 사악한 왕비가 영원히 떠나야 한다고 말했어요. **774** 그녀는 영원히 돌아올 수 없게 되었어요. **775** 사악한 여왕은 결혼식장을 떠났어요. **776** 그녀는 도망을 갔습니다.

777

彼女は遠く離れました。

카노죠와 토오쿠 하나레마시타

She traveled far.

778

彼女はつまずいて転びました。

카노죠와 츠마즈이테 코로비마시타

She tripped.

779

彼女はぬまに落ちました。

카노죠와 누마니 오치마시타

She fell into quicksand.

780

彼女は死にました。

카노죠와 시니마시타

She died.

해석

777 그녀는 멀리 떠났어요. **778** 그녀는 발이 걸려 넘어졌어요. **779** 그녀는 늪에 빠졌어요.
780 그녀는 죽었어요.

781

その後 誰も彼女に合ったことがありませんでした。
소노고、다레모 카노죠니 앗타코토가아리마셍데시타
No one ever saw her again.

782

邪悪な王妃は永遠になくなりました。
쟈쿠아나오우히와 에에엔니 나쿠나리마시타
Evil Queen was gone forever.

783

白雪姫と王子は幸せでした。
시라유키히메도 오오지와 시아와세데시타
Snow White and Prince were happy.

784

白雪姫と王子は安全でした。
시라유키히메도 오오지와 안젠데시타
Snow White and Prince were safe.

해석

781 그후 누구도 다시는 그녀를 보지 못했어요. **781** 사악한 왕비가 영원히 없어진 것이죠.
782 백설공주와 왕자는 행복했어요. **783** 백설공주와 왕자는 안전해졌지요.

785

彼らは邪悪な王妃を再び合いませんでした。

카레라 와 쟈쿠아나오우히오 후타타비 아이마셍데시타

They would never see Evil Queen again.

786

白雪姫は七人の小人をこいしがりました。

시라유키히메와 시츠닌노코비토오 코이시 가리마시타

Snow White missed the seven dwarfs.

787

七人の小人は白雪姫をこいしがりました。

시츠닌노코비토와 시라유키히메오 코이시 가리마시타

Seven dwarfs missed Snow White.

788

白雪姫は森の中の小さな家に行きました。

시라유키히메와 모리노나카노치이사나이에니 이키마시타

Snow White traveled to the small house in the forest.

해석

785 그들은 사악한 왕비를 다시는 보지 않게 되었어요. **786** 백설공주는 일곱 난쟁이를 그리워했어요. **787** 일곱 난쟁이도 백설공주를 그리워했습니다. **788** 백설공주는 숲 속의 작은 집으로 여행을 떠났어요.

789

白雪姫は森をこいしがりました。

시라유키히메와 모리오 코이시 가리마시타

Snow White missed the forest.

790

彼女は森がこわくありませんでした。

카노죠와 모리가 코와쿠 아리마셍데시타

She was not scared of the forest.

791

白雪姫は七人の小人に尋ねました。

시라유키히메와 시츠닌노코비토니 타즈네마시타

Snow White visited the seven dwarfs.

792

白雪姫は森の中の動物たちと遊びました。

시라유키히메와 모리노 나카노 도부츠타치토 아소비마시타

Snow White played with the forest animals.

해석

789 백설공주는 숲이 그리웠어요. **790** 그녀는 숲이 무섭지 않았답니다. **791** 백설공주는 일곱 난쟁이들을 찾아갔습니다. **792** 백설공주는 숲 속의 동물들과도 놀았고요.

793

白雪姫は鳥たちと歌を歌いました。

시라유키히메와 토리타치토 우타오 우타이마시타

Snow White sang with the birds.

794

白雪姫はうさぎたちと遊びました。

시라유키히메와 우사기타치토 아소비마시타

Snow White played with the rabbits.

795

彼女はりすたちと遊びました。

카노죠와 리스타치토 아소비마시타

She played with the squirrels.

796

彼女は七人の小人と別れるのが悲しかったです。

카노죠와 시츠닌노코비토토 와카레루노가 카나시캇타데스

She missed the seven dwarfs.

해석

793 백설공주는 새들과 노래를 불렀어요. **794** 백설공주는 토끼들과도 어울렸어요. **795** 그녀는 다람쥐들과 놀았어요. **796** 그녀는 일곱난쟁이들과 헤어지는 것이 슬펐습니다.

797

彼女は王子を愛しました。
카노죠와 오오지오 아이시마시타
She loved the Prince.

798

彼女は王子の城に帰って来ました。
카노죠와 오오지노 시로니 카에테 키마시타
She went back to his castle.

799

彼女は王子と結婚しました。
카노죠와 오오지토 켓콘시마시타
She married the Prince.

800

彼らは永遠に幸せに暮らしました。
카레라와 에이엔니 시아와세니 쿠라시마시타
They lived happily ever after.

해석

797 그녀는 왕자를 사랑했어요. **798** 그녀는 왕자의 성으로 돌아왔어요. **799** 그녀는 왕자와 결혼했어요. **800** 그들은 영원히 행복하게 살았답니다.

MEMO

MEMO

누구나
JAPANESE
800